Conversa de Encruzilhada

Marcelo Pereira

Conversa de Encruzilhada

© 2024, Madras Editora Ltda.

Editor:
Wagner Veneziani Costa (*in memoriam*)

Produção:
Equipe Técnica Madras

Revisão:
Jerônimo Feitosa
Ana Paula Luccisano

Dados Internacionais de Catalogação na Publicação
(CIP)(Câmara Brasileira do Livro, SP, Brasil)

Pereira, Marcelo
Conversa de encruzilhada / Marcelo Pereira. – São Paulo : Madras Editora, 2024.
Bibliografia.
ISBN 978-65-5620-073-6

1. Espiritualidade 2. Umbanda 3. Umbanda - Rituais

I. Título.
24-204904   CDD-299.60981

Índices para catálogo sistemático:
1. Umbanda : Religião afro-brasileiras 299.60981
Eliane de Freitas Leite - Bibliotecária - CRB 8/8415

É proibida a reprodução total ou parcial desta obra, de qualquer forma ou por qualquer meio eletrônico, mecânico, inclusive por meio de processos xerográficos, incluindo ainda o uso da internet, sem a permissão expressa da Madras Editora, na pessoa de seu editor (Lei nº 9.610, de 19/2/1998).

Todos os direitos desta edição reservados pela

MADRAS EDITORA LTDA.
Rua Paulo Gonçalves, 88 – Santana
CEP: 02403-020 – São Paulo/SP
Tel.: (11) 2281-5555 — (11) 98128-7754
www.madras.com.br

Índice

Introdução 7
Primeira Parte
Capítulo 1 – Vestimenta dos Exus e Instrumentos de Trabalho 9
Capítulo 2 – Vivência Terrena, Ganância e Declínio 13
Capítulo 3 – Instrumentos de Trabalho 17
Capítulo 4 – As Cores Vermelha e Preta 19
Capítulo 5 – Fumo e Bebida 21
Capítulo 6 – Planos no Campo Espiritual 23
Capítulo 7 – Oferendas 27
Capítulo 8 – Corrente Mediúnica 29
Capítulo 9 – O Porquê do Nome Tranca-Ruas das Almas 31
Capítulo 10 – Mistério Exu 33
Capítulo 11 – Campo de Atuação e Ponto de Força 35
Capítulo 12 – A Interferência das Entidades no Médium 37
Capítulo 13 – Um Pouco sobre a Lei Divina 39
Capítulo 14 – Os Malandros e as Regras 43
Capítulo 15 – Vaidade 47
Capítulo 16 – Compromisso e Falsas Promessas 49
Capítulo 17 – A Pedra no Sapato 51
Capítulo 18 – Obstáculos no Caminho 53
Capítulo 19 – Santo Antônio 55
Capítulo 20 – Medo de Exu 57
Capítulo 21 – Gratidão 59
Capítulo 22 – O Paraíso do Umbral 63
Capítulo 23 – A Festa da Quaresma 67
Capítulo 24 – Coronavírus 69

Segunda Parte
Capítulo 25 – Os Atabaques 71
Capítulo 26 – Exu Não é Super-herói 75
Capítulo 27 – Natal e Umbanda 79
Capítulo 28 – Orixá Regente 81
Capítulo 29 – Incorporação 85
Capítulo 30 – Devo Oferendar Exu Primeiro 89
Capítulo 31 – Inimigos da Umbanda: Arrogância
e Falta de Humildade 93
Capítulo 32 – Padê de Exu e Pombagira 97
Capítulo 33 – Macumba Pega? 101
Capítulo 34 – Banho de Ervas 105
Capítulo 35 – Paliteiro de Ogum 109
Capítulo 36 – Mitos e Lendas Urbanas sobre a Umbanda 113
Capítulo 37 – Defumação 121
Capítulo 38 – Quarenta Coisas que Só os Umbandistas Sabem .. 125
Capítulo 39 – Ori, o Senhor do Seu Destino 129
Capítulo 40 – Bori 133
Capítulo 41 – Oferenda a Oxalá 137
Capítulo 42 – Guias de Proteção e Guias de Trabalho 141
Capítulo 43 – Algumas Palavras Ditas pelas Entidades 145
Capítulo 44 – As Entidades Podem Tudo? 151
Capítulo 45 – Oferendas 155
Capítulo 46 – A Importância do Passe 159
Capítulo 47 – Oferenda para os Erês 163
Capítulo 48 – Umbanda Vicia 167
Capítulo 49 – Preceitos 171
Referências Bibliográficas 175

Introdução

Na Primeira Parte deste livro, apresento ao leitor breves anotações minhas, na condição de médium de Umbanda, originadas da psicografia das entidades que trabalham comigo, ou seja, transmitidas por Tranca-Ruas das Almas, que trabalha na linha dos Exus, e Malandrinho das Almas, que faz parte da falange de Zé Pelintra.

Os textos começam na forma de perguntas e respostas, sob a forma de questões pontuais e doutrinárias da espiritualidade e da Umbanda. Para facilitar a leitura, utilizo as abreviações "M" (Marcelo, o autor), "TR" (Tranca-Ruas das Almas) e "MA" (Malandrinho das Almas) anteriormente às falas das referidas entidades.

Já na Segunda Parte, no formato de texto corrido, afastando-me do diálogo, realizo uma vasta exposição de temas de conhecimento prático e diário, indispensáveis ao umbandista.

Assim, convido o leitor a mergulhar nesta leitura e a se deliciar com os presentes que nos são entregues pela espiritualidade.

Toda a renda obtida com este pequeno ensaio deve ser revertida em caridade para crianças necessitadas, conforme determinação das entidades que me acompanham e me guiam nesta jornada.

Que Oxalá abençoe a todos! Muita Gratidão.

PRIMEIRA PARTE

Capítulo 1
Vestimenta dos Exus e Instrumentos de Trabalho

M: Boa noite. Laroyê, Exu. Exu é Mojubá!
TR: Boa noite!
M: Estamos aqui para colher algumas lições e ensinamentos que o senhor possa nos passar.
TR: Pois bem, filho, vamos começar com a vestimenta de Exu. Sabe por que razão usamos cartola? A cartola serve para proteger o Ori do médium contra possíveis irradiações negativas que circulem na gira e provenham não só daquele que atendemos, mas também da assistência. Usamos, também, a capa, que é uma espécie de proteção para a aura do médium, bem como forte puxadora das energias negativas e densas que serão depositadas no ponto riscado e, dali, removidas ao final da gira. Já a bengala é utilizada com uma finalidade psíquica. Veja bem, quando uma entidade trevosa se manifesta no terreiro, é preciso expulsá-la, pois muitas não aceitam pedidos gentis e educados para retornar de onde não têm autorização para sair, de modo que é preciso utilizar a força psíquica, ou até mesmo a bruta, isto é, física. Aqueles que vocês conhecem como policiais, em especial o chamado batalhão de choque, também se utilizam de um instrumento parecido – o cassetete –, além de um escudo. Observe que os policiais batem esse cassetete em seus escudos, ao mesmo tempo que batem suas botas no chão, fazendo um som frenético, com o intuito de atemorizar, causar impacto psicológico mesmo, naqueles que pretendem intimidar e fazer recuar. Observe, filho, que somos os "policiais" do astral, de modo que utilizamos vários instrumentos para conter as forças negativas, isto é, a vinda de espíritos trevosos, os quais ainda não estão preparados para se manifestar neste

astral. A bengala é um exemplo, a qual, quando batemos no chão, estamos usando um recurso psicológico para intimidar esses trevosos que insistem em descumprir a Lei Divina e se manifestar ou até possuir os encarnados desarmonizados. Contudo, quando isso não produz o efeito desejado, temos de lançar mão do garfo; veja que há vários garfos no ponto riscado, porém em tamanhos pequenos, mas utilizamos garfos maiores para, literalmente, espetar esses intrusos.

M: Pai, mas eles sentem dor?

TR: Não é porque estão desencarnados que não sentem dor. Sentem tudo aquilo que vocês sentem, apenas estão em outra dimensão, diversa da qual vocês ocupam; e muitos, ainda, em virtude da falta de evolução espiritual, sentem dores que vocês encarnados nem sequer suportariam. Observe, filho, que o instrumento garfo, além de ser bastante útil para "espertar" os infortunados e os desordeiros, representa um instrumento de poder. Somente aqueles a quem, por meio da Lei Divina, foram conferidos o poder e o *status* de guardiões podem fazer uso dele, com a finalidade de manter a ordem no astral, bem como impedir que espíritos não desenvolvidos e que não se submetem à Lei Maior venham atormentar os encarnados e trazer a eles toda sorte de agruras. Estas vestes também representam um pouco da minha última vivência como ser encarnado. Sabe, filho, fui um advogado muito famoso e respeitado; era bem difícil eu perder uma causa, mas os métodos que utilizava para isso não eram muito ortodoxos. Ganhei muito pataco, mas vivia em função deste; para mim, a única coisa que valia a pena era o dinheiro, o resto não importava. Não sentia o mínimo remorso por conseguir a absolvição de pessoas que cometeram crimes bárbaros, custasse o que custasse, fosse necessário ou não qualquer tipo de armação, mesmo que envolvesse nessa trama pessoas inocentes. O dinheiro, a fama e meu orgulho justificavam tudo isso, serviam como verdadeiros tampões em meus olhos. Posso dizer, filho, que hoje uso estas roupas para me lembrar sempre dessa encarnação, elas servem como a lembrança viva, para que não repita os erros do passado.

M: Mas, pai, o espírito também pode cometer erros?

TR: Filho, você acha que a evolução é exclusividade dos seres encarnados? É claro que não! Todos nós, espíritos, estamos também em estágio de evolução, uns mais evoluídos, outros nem tanto, mas é possível que alguns se deixem levar pela ganância e pela vaidade do médium e acabem acompanhando-o, descendo alguns ou vários degraus da evolução espiritual. No meu caso, meu filho, a roupagem tem a ver com esta encarnação e com os erros nela cometidos, é como se fosse um fardo bem pesado que tenho de carregar para não me esquecer dos erros e para não vir a praticá-los novamente. Embora seja um fardo, carrego essa roupagem com muita satisfação, pois me está sendo dada a oportunidade de continuar no caminho da minha evolução, e conto com você, meu filho, para isso.

M: Conta comigo, meu pai, de que forma?

TR: Sim, conto com você, meu filho, que me empresta seu corpo, para que possamos trabalhar juntos, prestando a caridade às pessoas que nos procuram, orientando-as quanto à importância do cumprimento da Lei Divina, de nosso Pai Oxalá, para que não se deixem levar pela aparência das coisas e pelo falso valor delas.

Capítulo 2

Vivência Terrena, Ganância e Declínio

M: Meu pai, fale mais um pouco sobre sua vivência terrena e de suas experiências.

TR: Meu filho, vou narrar uma passagem para você perceber até onde vão a vaidade e a ganância do ser humano, que desrespeita os valores mais importantes da vida. Em certa ocasião, estava eu em minha casa, quando recebi a ligação de um senhor, meu cliente, a quem vou chamar de Nero – estou preservando seu nome verdadeiro –, o qual noticiava que havia acabado de matar sua esposa com uma facada no peito. Nero era um importante banqueiro da cidade, de modo que sua reputação seria muito abalada se isso viesse a público, podendo, inclusive, gerar grandes perdas financeiras, pois as pessoas poderiam desconfiar de sua conduta doravante, ou mesmo repudiá-lo. Sabe, filho, a sociedade da época repugnava muito o crime de homicídio, era bastante conservadora. Nero me contou que tinha desconfianças de infidelidade por parte de sua esposa, razão pela qual, sem ao menos verificar a veracidade desses fatos, resolveu aniquilá-la, pois não suportaria viver com tamanha humilhação decorrente da descoberta de possível adultério, o que seria motivo de execração pública. Sem pestanejar, eu disse a ele que retirasse a faca do peito de sua mulher e cortasse os pulsos, de forma superficial, de modo a não provocar um ferimento tão grave que pudesse levá-lo a óbito. Em seguida, deveria colocar novamente a faca no peito de sua mulher e ligar para a polícia. Com a chegada dos policiais, deveria informar que havia cortado seus pulsos, em um momento de desespero, sendo que sua amada, ao vê-lo sangrando, teria se matado também, enfiando a faca em seu peito, pois não suportaria viver sem seu amado e fiel companheiro. Assim foi feito. A polícia chegou ao local e encontrou Nero esvaindo-se em sangue, pois havia se cortado além do que eu recomendara, o que quase lhe custou a vida, bem como sua mulher morta com a faca cravada em seu peito. Iniciada a investigação, concluiu-se que Nero havia tentado o suicídio, em ato de desespero, justificado por dificuldades financeiras pelas quais passava. Sua mulher, ao vê-lo naquele estado e acreditando que ele estava morto, resolveu pôr fim à sua vida, a qual não teria qualquer sentido dali em diante sem seu amado esposo. Verificou-se a presença de sangue no telefone. Nero explicou que, após cortar os pulsos, teria ficado desacordado, e, ao recobrar seus sentimentos, teria se deparado com sua mulher esfaqueada. Diante dessa situação, ele teria ligado imediatamente para a polícia para pedir socorro. Na faca, havia sangue tanto de Nero como de sua mulher, fato perfeitamente explicado por ele, conforme sua narrativa. Assim, Nero foi absolvido. Sequer foi admitida qualquer acusação, nem mesmo suspeitas foram levantadas contra o renomado e respeitável banqueiro, o qual conseguiu reerguer seus negócios, já que a sociedade o apoiou, pois o coitado teria tentado ceifar sua própria vida por conta das dificuldades financeiras pelas quais passava. Os investimentos em seu banco cresceram e frutificaram, o algoz tinha virado vítima.

M: Pai, essa traição de fato existiu?

TR: Não, meu filho, não houve qualquer traição por parte da esposa de Nero. Seu concorrente, banqueiro também, preocupado com o potencial que Nero detinha, buscou enxovalhar sua reputação, levantando infundadas suspeitas de adultério, o que certamente resultaria na redução dos investimentos em proveito daquele. Joane, nome que damos ao concorrente, o qual também não corresponde à sua denominação real, vendo que seu plano não produziu o efeito desejado, viu seus negócios ruírem, acabou por fechar seu banco e perdeu todos os seus bens, inclusive sua dignidade. Anos mais tarde, soube-se que, após muito perambular pelas ruas da cidade, na condição de mendigo, veio a morrer congelado por força das baixas temperaturas que se apresentaram em uma noite de inverno. O Exu, mais uma vez, cumpria a Lei Maior, entregando a paga que Joane merecia, pois ele almejara a riqueza desmedida, passando por cima de tudo e de todos, morrendo à mingua, congelado, sem pompa ou qualquer circunstância. Meu filho, Exu é cumpridor da Lei Maior, que vocês encarnados chamam de Lei de Causa e Efeito; o plantio é facultativo, mas a colheita é obrigatória. É Exu quem fica encarregado de trazer tudo aquilo que você plantou, isto é, se fizer coisas boas, eu lhe trarei coisas boas, mas se fizer coisas ruins, as trarei também. Para Exu, não existe bem ou mal, há plantio e colheita. Veja o que planta hoje e saberá o que colherá amanhã.

Capítulo 3

Instrumentos de Trabalho

M: Meu pai, me fale um pouco mais da sua vivência terrena.

TR: Meu filho, meus pais eram agricultores do sul da França. Com muito esforço, trabalho e dedicação, conseguiram que eu me formasse em Direito. Cursei a L'École Droit Avignon, Académie de Droit (Escola de Direito de Avignon, Academia de Direito), também no sul da França. Passei a atuar em várias causas, mas não demorou muito para ser conhecido como *"Polisson du Louvre"*, famoso advogado para o qual não havia causas difíceis ou impossíveis, combustível forte para a vaidade desmedida e a ganância desenfreada.

Vamos falar um pouco mais dos instrumentos utilizados nos trabalhos da Umbanda, deixando essa vivência terrena de lado. Sabe, filho, utilizamos velas nos trabalhos. Na vela, temos os quatros elementos – o fogo, a terra, a água e o ar –, os quais são manipulados por nós e usados para limpar a aura do consulente, afastar negatividades e até deflagrar um procedimento curativo. O fogo queima as larvas astrais; a água limpa e purifica. O ar, dependendo de sua intensidade, pode refrescar, limpar ou destruir. Já a terra é um elemento que deve ser sempre reverenciado como nossa mãe, mas muitos se esquecem disso. Dela saímos e para ela deveremos voltar. Veja que em quase todas as construções históricas e religiosas a respeito da criação do homem, fazem referência a esse elemento como fundamental. O elemento terra, aliado ao ar, sopro divino, foi o responsável pela vida como ela hoje se apresenta. Não há vida sem ar, pois se vocês pararem de respirar não poderão sobreviver. Não há vida sem terra, pois ela fornece os nutrientes necessários para alimentar todos os seres vivos. Não há vida sem água, pois ela faz com que a terra floresça e garanta alimento. O fogo, meu filho, é o responsável por trazer o calor, indispensável para a sobrevivência de alguns seres em regiões mais distantes e frias; também é um elemento purificador, pois queima todas as energias negativas mais densas. Veja que, no passado, as pessoas consideradas "bruxas" eram queimadas na fogueira, pois assim se acreditava que estavam destruindo a sua magia, queimando os impuros, levando-os à purificação. Quanta ignorância os seres encarnados já praticaram!

M: Meu pai, por que dizem que os Exus trabalham nas encruzilhadas?

TR: Meu filho, é preciso que isso seja bem explicado e compreendido. Nós trabalhamos, sim, nas encruzilhadas, porém não só nas encruzilhadas da rua, mas também, o mais importante, nas encruzilhadas da vida. Veja, meu filho, o que representa uma encruzilhada? São quatro caminhos distintos que se cruzam, ou seja, para frente, para trás, para a direita e para a esquerda. Ora, filho, quantas vezes não nos vemos em uma encruzilhada na vida? Quantas vezes não temos que tomar decisões? Quantas vezes temos dúvida se devemos avançar ou retroceder? Quantas vezes não sabemos se seguimos um caminho para a direita ou para a esquerda? Este é o verdadeiro significado da encruzilhada. Nós, como Exus, verdadeiros protetores, nos sentimos fazendo o "Grito dos Surdos".

M: "Grito dos Surdos", meu pai, o que é isso?

TR: Vou explicar, meu filho. Muitas vezes, o nosso filho insiste em avançar, quando, na realidade, deve retroceder. Por vezes, ele pretende seguir um caminho à esquerda, quando o correto deve ser pela direita, ainda que mais longo e mais dificultoso. Falamos no ouvido de vocês, às vezes gritamos mesmo, "não avance, não vá por aí, retroceda", mas vários de vocês parecem não escutar. Ficamos falando, falando, gritando, mas vocês não escutam, parece que estamos falando para surdos. O pior de tudo isso, meu filho, não são os que não escutam efetivamente, pois não estão harmonizados para tanto, mas, sim, aqueles que escutam e não dão atenção, não se importam, sabem que estão trilhando um caminho não correto, são alertados constantemente, mas preferem prosseguir. Assim, meu filho, não há o que fazer, temos que respeitar a Lei do Livre-arbítrio e a Lei de Causa e Efeito. Cada ser encarnado tem a liberdade de escolher, nas encruzilhadas da vida, um dos caminhos a seguir, plantando o que bem entender, para colher o que merecer.

Capítulo 4

As Cores Vermelha e Preta

M: Meu pai, me fale um pouco das cores que vocês, Exus, utilizam. Por que fazem uso das cores vermelha e preta?

TR: Meu filho, a cor vermelha representa a vida, o sangue, que é a energia vital, é vermelho. O fogo que, como vimos, é um dos elementos purificadores, também é da mesma cor. O preto, meu filho, representa a escuridão, a ausência de luz. É preciso melhor compreensão, então, vamos deixar essa coisa de dualismo de lado, porque isso não é correto. Observe que, segundo o dualismo, existem o bem e o mal. Ora, se Deus, Zambi, Olorum, ou qualquer outra denominação que você queira utilizar para descrever a força criadora suprema, princípio de tudo e de todos, é o criador de tudo o que existe, então, Ele teria criado o bem e também o mal. Essa afirmativa levaria a essa conclusão, o que aparentemente estaria correto, mas não está. Deus não é o criador das trevas, já que Ele é a Luz Suprema. As trevas, também conhecidas como a escuridão, nada mais são que a ausência de Luz, a ausência da pureza divina. Nestas, encontram-se aqueles que, outrora encarnados, bem como os próprios desencarnados, se negam a cumprir a Lei Maior. São rebeldes, negam-se a servir ao Criador, negando até mesmo sua própria condição. Esses espíritos que vocês chamam de caídos, Kiumbas, trevosos e outras tantas denominações, por não cumprirem a Lei Divina, não têm autorização para ascender ao plano terreno, se manifestar em terra, e somos nós os responsáveis pela sua contenção, realizando o trabalho de policiais do astral, conforme já havia lhe explicado anteriormente, prendendo e repreendendo os "marginais do astral", marginais, meu filho, porque vivem à margem da Lei, não a aceitam, não a cumprem. Vez ou outra, porque são muitos, eles burlam nossas seguranças, nossas firmezas e adentram o plano terreno, trazendo toda a sorte de dissabores aos encarnados que, por vezes, os alimentam com pensamentos e condutas altamente reprováveis. Cabe a nós conduzi-los até o lugar de onde não estão autorizados a sair.

M: Mas, meu pai, devem permanecer nas trevas por toda a existência, se é que assim podemos chamar?

TR: Não, meu filho, eles permanecerão naquele local até que se arrependam efetivamente de todo o mal que causaram, resolvam aceitar a Lei Divina e prometam cumpri-la, podendo, após passar por tratamento adequado, retornar à Terra a fim de prestar caridade aos seres encarnados. Esse compromisso é firmado diretamente com Deus, tendo nós como testemunhas e fiscalizadores do cumprimento daquilo a que esses desencarnados se comprometeram.

M: Meu pai, então quer dizer que os senhores Exus são fiscais do cumprimento da Lei Divina?

TR: Sim, meu filho, somos os fiéis zeladores do cumprimento da Lei Divina, tanto de encarnados como de desencarnados. Por essa razão, usamos o preto, que representa a ausência de Luz. Somos nós que temos autorização para descer às zonas mais trevosas e escuras, seja para, ali, buscar aqueles que querem se elevar, demonstrando sinceramente que pretendem seguir a Lei Divina, seja para conduzir até lá aqueles que escaparam de alguma forma e alcançaram as zonas mais elevadas. Somos os "Zeladores do Cumprimento da Lei Maior", outra faceta do Mistério Exu.

Capítulo 5

Fumo e Bebida

M: Meu Pai, me fale um pouco mais dos instrumentos utilizados na Umbanda. Qual a razão para o uso do fumo e da bebida?

TR: Meu filho, o fumo também é composto pelos quatro elementos já referidos. Ele possui folhas de fumo, as quais foram cultivadas na terra, receberam água durante o seu cultivo, bem como foram imantadas com a força proveniente do Sol e da Lua. Para que as plantas cresçam, elas precisam de oxigênio durante o dia e de gás carbônico durante a noite, isto é, também se utilizam do elemento ar. Quando os Exus acendem um charuto, eles estão utilizando os três elementos – água, terra e ar –, os quais são adicionados ao quarto elemento, o fogo, de modo que a energia conjunta desses quatro elementos vitais pode ser utilizada e catalisada tanto em favor do médium quanto do consulente. Os charutos, meu filho, são excelentes defumadores, servem para limpar a aura do médium e do consulente, livrando-os das larvas astrais que grudam como se fossem sanguessugas, minando pouco a pouco a força vital da pessoa, levando-a a um estado que facilita a proliferação de doenças físicas e psíquicas. Inúmeros ignorantes falam tantas asneiras a respeito da utilização do fumo, mas deveriam estudar mais e saber da importância e do efeito curativo que pode ser abstraído dele, quando corretamente usado nos trabalhos espirituais.

M: Meu pai, agora fale um pouco da bebida.

TR: Meu filho, nós, Exus, utilizamos bebidas alcoólicas, mas não é por sermos viciados, alcoólatras inveterados, mas, sim, porque a bebida tem importantíssimo papel nas giras; vou explicar melhor. Saiba, filho, que não incorporamos em vocês; na realidade, estamos logo atrás do médium, o que acontece é acoplamento, em vez de incorporação. No acoplamento, todos os pontos vitais do médium, os quais vocês chamam de chacras, são ligados aos da entidade, que passa a comandar os movimentos e a fala do médium. Utilizamos, assim, sua energia vital densa, a qual vocês chamam de ectoplasma, aliada aos elementos de trabalho e à nossa força espiritual, mais sutil. Dessa forma, o correto é dizer que quando você está acoplado, e não incorporado, nós estamos trabalhando unidos, não somos apenas eu ou você. Nós dois somos um só naquele momento, médium e entidade em perfeita harmonia e sintonia. Como utilizamos sua força vital, há inegável desgaste físico, mas não espiritual, do médium, de modo que é preciso repor a energia consumida no decorrer das consultas e dos descarregos. Observe, filho, que o álcool introduzido no organismo de vocês é metabolizado e se transforma em açúcar, isto é, energia pura, de maneira que aquilo que foi consumido possa ser recomposto, sem prejuízo para o físico do médium. Observe que é preciso, então, diferenciar o uso ritualístico da bebida alcoólica de uso profano ou por deleite. O primeiro, regado de significado e de importância, é indispensável para nós, Exus, que trabalhamos com energias bastante densas e cargas especialmente fortes, de modo que exigimos muito e provocamos um desgaste enorme no material do médium. O segundo é empregado sem qualquer significado, é mero alterador de consciência, que serve apenas para deleite, ou mesmo para soltar algumas amarras que evitam que vocês, encarnados, façam diversas besteiras. Por isso, meu filho, é preciso muito cuidado e respeito com esse elemento que é a bebida alcoólica, evitando abusos, seja quando utilizada de forma esportiva, seja religiosa, já que, para nós, o que vale é a qualidade e não a quantidade. Não é preciso, meu filho, embriagar o médium para lhe repor a energia consumida. Se algum médium, porventura, após uma gira, ficar embriagado, não culpem Exu, pois nós utilizamos apenas aquilo que é absolutamente necessário. Porém, se o médium insiste em aumentar a dose, é por sua conta e culpa exclusiva, já que nós temos de respeitar o livre-arbítrio. Outrossim, deixamos que isso ocorra até para que ele perceba que está com uma postura equivocada, a qual pode lhe acarretar prejuízos. Não venham pôr a culpa em Exu pelo estado de embriaguez, quem pratica seus erros que os assuma.

Capítulo 6

Planos no Campo Espiritual

M: Meu pai, me fale um pouco sobre como são os planos no campo espiritual.

TR: Meu filho, no plano espiritual existem sete planos distintos, vou lhe explicar detalhadamente. Acima de todos os planos está Olorum, Deus, Zambi ou outra denominação que vocês venham a dar à força maior, suprema, criadora de tudo e de todos.

Abaixo deste, no primeiro plano, estão os Orixás Regentes, cultuados por todas as religiões de matriz africana, isto é, a Umbanda e o Candomblé, as quais possuem diversos caminhos, vale dizer, qualidades.

No segundo plano, estão os Orixás Individuais, os quais são uma centelha divina, uma representação dos Orixás Regentes, uma parcela de sua força maior. Eles acompanham os encarnados desde seu nascimento até sua morte. Veja que vários encarnados podem ser filhos de um mesmo Orixá e "virarem no santo", na expressão que vocês utilizam, em um mesmo barracão, no mesmo horário e no mesmo dia. Como isso seria possível? Como poderia um único Orixá manifestar-se, ao mesmo tempo, em mais de um encarnado? Isso é possível porque, na realidade, não são os mesmos Orixás de fato, são emanações da mesma força maior, ou melhor, de um único Orixá Regente, mas que se manifestam como Orixás Individuais, com suas características próprias, às vezes diversas, embora da mesma qualidade ou caminho.

No terceiro plano estão os Guias Chefes de Linhas, os quais seguem os comandos e as ordens dos Orixás Regentes. No quarto plano, estão os Guias Chefes de Falanges, os quais seguem os comandos e as ordens dos Orixás Individuais.

No quinto plano, estão os Guias Individuais, aqueles que se manifestam nos médiuns. Por vezes, teremos um médium que se acopla a um ou mais Chefes de Falange, ou seja, que tem como seu Guia Individual um ou mais Chefes de Falange, em razão do seu desenvolvimento espiritual ou da sua própria missão como encarnado. Normalmente, é o caso daqueles que se apresentam como zeladores ou sacerdotes de Umbanda e de Candomblé.

No sexto plano, temos o Baixo Astral, onde nós, Exus, descemos para realizar nosso trabalho, bem como ficamos na porta de entrada impedindo o ingresso no campo terreno dos Kiumbas e dos espíritos trevosos. Veja, filho, a dimensão ou plano no qual você se encontra está entre o quinto e sexto, bem no meio destes, ou seja, o plano dos encarnados, que não computamos aqui, pois estamos falando de planos espirituais.

No sétimo plano temos a Zona de Expurgo, o baixo astral do baixo astral. Você deve imaginar o que nele habita, tudo o que há de pior e mais trevoso. Para se ter uma ideia, quando um Exu precisa ir até esse plano, ele não o faz sozinho. Vai sempre acompanhado de sua falange ou legião, tamanho o perigo que se apresenta na realização desse trabalho, mas o fazemos com muito amor e devoção a vocês, encarnados, se preciso for.

Vale dizer, filho, que esses planos que mencionei não são isolados, mas interdependentes, todos se comunicam. Além disso, todos aqueles que estão nos planos elevados, ou seja, os cinco, seguem as ordens e a Lei Maior, ditada por Olorum, Zambi, Deus, o criador de tudo e de todos.

Somente não seguem essas ordens e se negam ao cumprimento da Lei Divina os espíritos que estão no Baixo Astral e na Zona de Expurgo, para os quais vale absolutamente tudo para todos os fins. Por essa razão, eles não têm permissão de ascender aos demais planos, nem conseguiriam. Porém, por vezes, rompem nossas firmezas e nossa guarda, e se manifestam no plano terreno, se alimentando dos sentimentos ruins que vocês, encarnados, expressam. Há outros que são invocados em trabalhos de magia negra, bem ao gosto do

Baixo Astral, a qual conhecemos muito bem, pois é preciso conhecer para combater. Os seres trevosos agraciados com presentes e instrumentos podem trazer todo tipo de malefício aos encarnados, mas são por nós veementemente combatidos, recebendo aqueles que invocaram sua paga de malfeito.

Observe, filho, que isso não quer dizer que são apenas sete os planos astrais, já que essa divisão comporta inúmeras subdivisões, ou seja, em um mesmo plano há subplanos, isto é, dimensões.

Capítulo 7

Oferendas

TR: Vamos falar um pouco sobre as oferendas e o porquê delas. Meu filho, não comemos *padê*, isto é, quando vocês nos oferecem esses elementos, eles são utilizados e transformados em energia pura, a qual é usada em proveito de vocês, encarnados. Quando são oferecidos elementos terrenos a nós, desencarnados, estabelecemos uma ligação com o material, ou seja, o campo astral se liga ao material e, assim, podemos agir e utilizar a força desses elementos em favor daqueles que nos oferendaram. É extremamente importante que vocês, encarnados, quando realizam uma oferenda, a façam com a mente e corpo limpos, colocando todo o amor divino e canalizando todas as energias positivas. Observe, filho, por que não se deve oferendar com o corpo "sujo", sem que se tenha tomado seu banho de ervas, nem estejam cumpridos os preceitos. Se você colocar boas energias nas oferendas, elas poderão ser mais bem utilizadas por nós, uma vez que poderemos atender ao seu pedido e trazer tudo aquilo que vocês pretendem mais facilmente. Observe, filho, que a energia não se perde, ela apenas se transforma, muda de lugar. A energia é depositada nos alimentos consagrados pelo médium, retirada pela entidade e retorna para o campo material, direcionada pela entidade, de modo a trazer benefício a quem se desejar.

M: Quer dizer, meu pai, que o senhor é o responsável por movimentar essa energia?

TR: Sim, meu filho, não só este Exu que lhe fala, mas também todas as entidades são responsáveis pela "circulação de energias". É claro que se você colocar boas energias nessas oferendas, elas poderão ser utilizadas por nós no cumprimento da Lei Divina e na caridade. Se você colocar energias negativas, estas serão absorvidas por espíritos trevosos, que delas se aproveitam e utilizam para infortúnio aos encarnados.

M: Pai, é possível que pessoas se utilizem de oferendas para prejudicar outro encarnado?

TR: Sim, meu filho. Isso se chama baixa magia ou magia negra, e consiste em oferendar elementos em prol de entidades trevosas para finalidades não nobres, podendo gerar toda sorte de problemas físicos e espirituais a outros encarnados. Esse é o nosso melhor combate, quer dizer, é contra esses que nós nos insurgimos, contra os trevosos que aceitam tais oferendas e contra aqueles que as ofertaram, pois, assim fazendo, acionaram a Lei Maior e devem receber tudo aquilo que propagaram para os outros. Novamente eu lhe digo: o plantio é facultativo, mas a colheita é obrigatória. Aquilo que fizer, seja bom ou mal, receberá em troca, já que a toda causa corresponde uma consequência.

M: Meu pai, é possível transmutar energias negativas em positivas?

TR: Sim, meu filho, isso é possível. Na natureza, seja no campo material, seja no campo astral, as energias densas e pesadas podem ser transmutadas em energias mais sutis. Mas é claro que esse processo de "filtragem" demanda muita energia da entidade, a qual deve ter um grau de evolução espiritual bastante elevado para realizar com habilidade tal tarefa. Assim, muito da energia que nos foi enviada é perdida nesse processo, logo, o resultado, isto é, o retorno para o material será menor, para não dizer mínimo. Dessa forma, quanto mais pura a energia enviada a nós por intermédio das oferendas, cumpridos os preceitos, com o corpo e mente limpos, e o coração repleto de amor pelo sagrado e pelos seus semelhantes, maior é o proveito que retiramos delas e, consequentemente, maior o resultado devolvido ao campo material.

Capítulo 8

Corrente Mediúnica

TR: Meu filho, falemos um pouco sobre a corrente mediúnica. Toda vez que é aberta uma gira, forma-se uma corrente mediúnica. O que isso quer dizer? A corrente mediúnica é a união de forças que faz um terreiro manter-se aberto ou vir a fechar brevemente. É em razão da corrente mediúnica que se estabelece um bom trabalho, que atende aos princípios da caridade e da fraternidade, bem como ao cumprimento da Lei Maior. Por esse motivo, todos aqueles que compõem a corrente mediúnica devem estar em dia com suas obrigações espirituais, em outras palavras, com seus banhos tomados, suas velas firmadas, a mente e o coração no terreiro e na missão de prestar a caridade àqueles que necessitam dela. Em uma corrente mediúnica forte, com todos os elos fortes, nada que não seja autorizado pode adentrar nela. Logo, todos os envolvidos – cambones, médiuns de trabalho, chefes de terreiro, mãe e pai de santo – devem estar irmanados no mesmo propósito e atentos a todos os acontecimentos, formando uma corrente coesa, firme, para que todo o trabalho seja feito com perfeição, de maneira que todos os envolvidos saiam melhores do que entraram, inclusive e em especial, os médiuns de trabalho, pelos quais é canalizada, em maior parte, a energia circulante.

M: Mas, meu pai, como assim é autorizado a entrar?

TR: Sim, meu filho, os trevosos ficam à espreita, procurando brechas para adentrar a corrente e atrapalhar os trabalhos que ali se realizam. Por essa razão, é preciso muita vigilância de todos. Mas há aqueles que nós, Exus incumbidos de tomar conta da porta, autorizamos a entrada, não para que tumultuem os trabalhos, mas para que possam ser detidos, amarrados e conduzidos ao lugar do qual não devem nem têm autorização para sair. Esses seres acompanham os encarnados infortunados, e a melhor maneira de livrá-los dos obsessores é deixar que eles os acompanhem para dentro da corrente, onde acabam sendo atados, em virtude da força unida naquela egrégora. Enfraquecidos, poderão ser mais bem controlados e conduzidos, livrando o encarnado da ação desses trevosos.

Muitos dos trabalhos são realizados durante a própria gira, mas em sua grande parte serão feitos uma vez terminada e desfeita a corrente mediúnica, pois nesse momento é que ocorre a chamada "reunião astral". Então, todas as entidades envolvidas direta ou indiretamente na gira fazem a divisão das tarefas a serem realizadas, conforme sua incumbência ou campo de atuação. Feitas as divisões e atribuídas as tarefas, cada entidade passará a atuar em benefício daqueles cujos pedidos foram feitos, atuando ora isoladamente, ora em conjunto. O fato, meu filho, é que nada acontece de maneira isolada. Tudo depende de decisões conjuntas e de autorizações daqueles que estão em graus mais elevados. Nada é feito porque uma entidade assim deseja, ela não age nem trabalha sozinha, e presta contas ao Orixá ou Orixás a quem serve. Veja que a força da Lei Maior advém do conjunto e não da unidade, da união de forças, razão pela qual em uma casa religiosa todos devem somar e nunca dividir. Não há melhores ou piores, todos têm seu grau de importância no trabalho, o qual não pode ser realizado sem presteza, de forma individualizada. Há diferentes postos, porque há diferentes missões, diferentes incumbências e diferentes caminhos, o que não quer dizer que uns sejam melhores do que os outros. Observe, filho, que na Umbanda todos vestem branco, todos estão descalços, todos são iguais naquela egrégora. Todos devem sempre observar a humildade, pois a vaidade é o mal de todo e qualquer ser humano, e derruba até os melhores médiuns.

Capítulo 9

O Porquê do Nome Tranca-Ruas das Almas

M: Meu pai, me fale um pouco sobre a razão do nome Tranca-Ruas das Almas.
TR: Meu filho, Tranca-Ruas é o Exu que vem na irradiação de Ogum. "Ruas" está ligado a caminho, sendo que o Senhor dos Caminhos é o Orixá Ogum. Aquele que tranca e abre os caminhos é o Exu Tranca-Ruas, sendo que caminhos devem ser entendidos como algo muito mais amplo do que a palavra significa, ou seja: caminho é futuro, é dinheiro, é saúde, é progresso material, mas também espiritual. Nós somos os responsáveis pelo cumprimento da Lei Divina, Lei Maior, ou que vocês chamam de Lei de Causa e Efeito. Com esse sentido, trazemos para os caminhos material e espiritual tudo aquilo que vocês merecem, seguindo as ordens e as determinações do Senhor Ogum. No meu caso, sou Tranca-Ruas das Almas e, além de responder às determinações de Ogum e cumpri-las, estou diretamente ligado a Obaluaiê, que é o Rei da Terra, cujo ponto de força é no Cruzeiro das Almas. Obaluaiê é o Orixá responsável por encaminhar o espírito dos mortos após o desencarne. Vamos explicar melhor. Quando ocorre a passagem, é Iku que vem cumprir sua determinação, pois existem hora e dia previamente marcados para que isso ocorra. Logo, quando Iku se apresenta, a passagem ocorre de forma sútil ou drástica, mas da maneira outrora determinada e de acordo com o merecimento de cada ser encarnado. Realizado esse procedimento inicial, é preciso encaminhar o espírito do "morto" para que ele possa continuar sua missão, fazendo com que venha a

despertar do "sono da morte", tome consciência do seu desencarne, aceite e prossiga na sua missão, agora não mais como encarnado. Esta é uma das incumbências de Obaluaiê. O corpo daquele que fez a passagem é entregue à Orixá Nanã Buruquê, que recebe de volta toda a matéria que emprestou na criação. Veja que Nanã é a detentora do barro, o qual foi utilizado na criação do homem. Sendo assim, uma vez emprestado para dar forma à criatura divina, o encarnado, a ela deve ser devolvido após a passagem.

M: Meu pai, o senhor é o único guia entre as entidades que trabalho que atua na irradiação de Obaluaiê?

TR: Não, meu filho, além de mim, trabalham nesta irradiação o Preto-Velho, Pai Jucá; o Baiano Zé do Coco; e o Malandro Malandrinho das Almas. Todos apresentam características que indicam que trabalham nesta irradiação. Observe, meu filho, que nós quatro formamos um losango, sendo que no topo dessa figura está o Preto-Velho; do lado esquerdo fica o Malandro; do lado direito, o Baiano; e embaixo é o local onde me encontro. Desses quatro pontos do losango sobem e descem energias que culminam em um único ponto, ou seja, o Orixá Obaluaiê, o qual fica acima desse losango, de modo a termos uma forma de uma pirâmide, sendo que na base temos as quatros entidades referidas e, no ponto superior máximo, o Orixá irradiante.

M: Meu pai, qual o motivo dessa divisão embaixo, em cima, dos lados direito e esquerdo? É algo aleatório ou tem razão de ser?

TR: Meu filho, isso tem uma razão de ser, vou lhe explicar. Em cima está o Preto-Velho, que cuida das energias mais sutis, trabalha em um campo energético mais elevado. No lado oposto, como já lhe expliquei, estamos nós atuando nas zonas mais baixas, cuja energia é mais densa. O Baiano e o Malandro, por sua vez, estão no ponto intermediário, e tanto podem subir, trabalhar com energias mais sutis, como o Preto-Velho, quanto descer e trabalhar com energias mais densas, como nós, Exus. Tanto os Baianos quanto os Malandros têm a possibilidade de transitar entre as zonas energéticas mais elevadas e as mais densas. É o que vocês costumam definir, ainda que de forma imprópria, como trabalhar na esquerda ou na direita, o que não está exatamente correto, já que energias sutis e densas não podem ser classificadas como esquerda e direita. Há diferença de densidade energética e não de lado.

Capítulo 10

Mistério Exu

M: Meu pai, fale um pouco mais sobre o Mistério Exu.

TR: Sim, meu filho, Exu é movimento. A palavra *Esú* tem o significado de esfera, ou seja, aquilo que representa o movimento. Sabe, filho, somos nós que fazemos com que as pessoas tenham dúvidas, pois quando vocês, encarnados, as têm procuram respostas, buscam se informar e passam a questionar o que há de conhecimento revelado até então. Desse modo, vocês podem evoluir reformulando conceitos até então existentes, bem como descobrindo coisas ainda não sabidas. Nós, Exus, é que trazemos o descontentamento, isto é, a vontade de mudar. Quando vocês, seres encarnados, estão descontentes com algo, não estão satisfeitos, procuram mudar e movimentam suas vidas. Ora, qual a melhor forma de fazer as coisas melhorarem, se não a mudança? É preciso mudar o que não está correto, aquilo que não está dando bons frutos, bem como aquilo que não está cumprindo a Lei Maior, sendo que para isso é preciso "plantar" o descontentamento e a vontade de mudar o estado das coisas, o que efetivamente fazemos com muito primor. Perceba que nós trabalhamos contra o comodismo, pois o comodista nada muda, nada modifica em sua vida e ao seu redor, vale dizer, não movimenta e, por consequência, não evolui como pessoa nem espiritualmente.

M: Quer dizer, meu pai, que para evoluir é preciso mudar?

TR: Sim, meu filho, é preciso mudar sempre aquilo que está incorreto, buscar sempre evoluir e melhorar, tanto em ações quanto em pensamentos. Imagine se não houvesse movimento na vida de vocês, encarnados? Nada teria sido modificado, as grandes descobertas não teriam sido realizadas, a cura de inúmeras doenças não apareceria, bem como a tecnologia que lhes traz tanto conforto não existiria. Você, meu filho, não pode esquecer que vocês, encarnados, são seres em constante mutação, graças à atuação de Exu. As mudanças também são necessárias para que vocês, encarnados, possam se tornar pessoas mais equilibradas, cumpridoras da sua real missão, de acordo com a Lei Maior. Veja, filho, se vocês encarnados não precisassem mudar nada, estariam encarnados ainda? Até mesmo os espíritos pouco desenvolvidos e que não cumprem a Lei Maior precisam mudar, precisam se elevar e se comprometer com a Lei Divina, e é Exu quem cuida disso, como já falamos anteriormente. Somos os responsáveis pelo movimento, no sentido mais amplo possível que essa palavra possa expressar.

M: Meu pai, como o senhor age para as pessoas se movimentarem?

TR: Meu filho, como lhe disse, isso é feito plantando o descontentamento, o que por vezes é suficiente para que os encarnados mudem, reflitam sobre sua conduta, reflitam sobre a necessidade da mudança e acabem, pelo amor, buscando a Lei Maior e cumprindo a missão a que se comprometeram antes de encarnar. Mas, por vezes, os encarnados não ouvem nossos apelos, fazendo-se de surdos, ou mesmo ignoram nossas advertências, de modo que a atuação acaba sendo mais rigorosa. Com isso, coisas indesejáveis vão ocorrendo na vida das pessoas que se afastam do real cumprimento da sua missão, não porque nós as colocamos em seu caminho, mas porque a Lei de Causa e Efeito é infalível. Essa, meu filho, é a razão pela qual alguns de vocês dizem que quando têm uma missão a cumprir o farão de qualquer forma, pelo amor ou pela dor, respeitado, é claro, o livre--arbítrio. O que você plantar irá colher.

Capítulo 11

Campo de Atuação e Ponto de Força

TR: Meu filho, vamos falar um pouco sobre campo de atuação e ponto de força. Ponto de força é o local onde determinado Exu e sua falange normalmente atuam. Por exemplo, existe Exu nas matas, na calunga grande (mar), na calunga pequena (cemitério), nas águas doces (cocheiras), nos lamaçais (lodo) e em todo e qualquer local que você possa imaginar. Estamos em todos os lugares onde há seres encarnados, humanos ou não. Esses locais são denominados "pontos de força" ou "domínio", nos quais temos nosso campo de atuação. Isso não quer dizer que um Exu da calunga pequena só trabalhe nesse local, e nunca atue nas encruzilhadas e nas matas; se necessário for, assim o fará. Contudo, meu filho, o ponto de força desse Exu é naquele local predeterminado, é para lá que ele vai quando não está trabalhando, a fim de "recarregar suas energias". O ponto de força está intimamente ligado ao Orixá irradiante. Veja, os Exus que trabalham na calunga pequena vêm na irradiação de Obaluaiê; aqueles cujo ponto de força é no lodo vêm na irradiação de Nanã, muito embora isso não seja estanque, pois calunga também é lugar de Nanã...

M: Meu pai, quer dizer então que o ponto de força está intimamente ligado à irradiação do Orixá sobre a entidade?

TR: Sim, meu filho, conforme a irradiação de um ou de outro Orixá, o Exu terá um nome diverso, um ponto riscado próprio e um ponto de força específico. Nesse local é que consegue receber as irradiações advindas dos Orixás, que lhe permitem recarregar suas forças, desgastadas à medida que os trabalhos têm de ser realizados.

M: Meu pai, quer dizer que a entidade também despende energia quando realiza qualquer trabalho?

TR: Sim, meu filho, quando acoplados aos médiuns, nós utilizamos a energia deles juntamente à nossa para realizar os trabalhos durante a gira. Mas após esta, muito há que se fazer, de modo que o desgaste energético das entidades é inevitável, motivo pelo qual contamos com as oferendas que vocês, encarnados, fazem. Entendeu a razão de as oferendas serem feitas nos pontos de força? Justamente porque é esse o local para onde vamos, com a autorização do Orixá irradiante, carregar nossas forças, a fim de realizar novos trabalhos. Assim, fazemos circular a energia material para o campo espiritual e retorná-la para o material, isto é, movimentar as energias – o que melhor sabemos fazer, não é verdade? –, pois Exu é movimento.

Campo de atuação, meu filho, é a divisão de trabalho no campo espiritual. Cada Exu, cada entidade, tem seu campo de atuação predeterminado antes de iniciar qualquer trabalho. Isso quer dizer que, antes de ser Exu, ele já recebe o "pacote completo", ou seja, você vai ter a seguinte incumbência no campo astral: você será o Exu tal; estará subordinado a tal chefe de falange; responderá e prestará contas a tal Orixá; e irá acompanhar tal pessoa. Isso tudo ocorre, meu filho, antes mesmo de o encarnado vir ao mundo. Tudo é acertado antes do seu nascimento; tudo resolvido, ele encarnará e todos aqueles que vão trabalhar com ele já se encontram alinhados no campo astral, passando a acompanhá-lo desde a geração até a sua passagem.

Assim, conforme a irradiação do Orixá será o campo de melhor atuação daquela entidade, ou mesmo daquele Exu. Observe, meu filho, que os Exus que recebem a irradiação de Obaluaiê são grandes curadores, e costumam receitar banhos e chás para curar certos males da matéria e do espírito. Observe, e isso precisa ser dito, que não são só os queridos Pretos-Velhos e os amigos Caboclos que atuam na cura, os Exus também o fazem, desde que tenham esse campo de atuação. Rotular as entidades é coisa de vocês, encarnados. Qualquer entidade, inclusive Exu, pode trabalhar na resolução de inúmeros problemas que outras entidades também o fazem, basta trazer a irradiação certa para a resolução daquela questão. É preciso desmistificar. Exu é entidade de luz, como todas as outras.

Capítulo 12

A Interferência das Entidades no Médium

TR: Agora, vamos falar sobre as características do médium e as interferências das entidades nelas. As entidades que trabalham com os médiuns para os quais foram designados buscam o aprimoramento pessoal e espiritual dessas pessoas. Para a evolução, é necessário que o médium evolua; se ele evoluir, a entidade está cumprindo o seu papel e, consequentemente, também vai evoluir. Com isso, as entidades, por meio daquilo que vocês chamam de intuição, ditam os caminhos a serem seguidos, aquilo que é "certo" e o que é "errado", mostram as possíveis consequências de cada ato, mas, em momento algum, interferimos no livre-arbítrio, e cada um faz aquilo que acha que deve fazer. Contudo, meu filho, não venha dizer que um médium não sabia que estava fazendo algo errado, por isso não deveria arcar com as consequências. Os médiuns sabem muito bem o que fazem, seja o "certo", de acordo com a Lei Maior, seja o "errado", em desacordo com ela, pois são devidamente orientados, já que nós, Exus, assim como as demais entidades, os alertamos, basta prestar atenção, ouvir nossas vozes, nossos recados e advertências.

M: Quer dizer, meu pai, que as entidades influenciam os médiuns na sua vida material e no seu comportamento?

TR: Sim, meu filho. Veja que, durante o processo de desenvolvimento mediúnico, o médium vai afinando sua energia com as entidades que são responsáveis por ele. Quanto mais equilibrado o médium, melhor a comunicação das entidades com ele, de maneira que sua vida vai se transformando de fato, embora isso seja absolutamente voluntário, por amor às suas entidades, à espiritualidade e aos seus semelhantes, pois não há interferência no livre-arbítrio.

A sintonia fina entre médium e entidade permite que ele, sendo menos evoluído, mude seu comportamento diário, abandone costumes que não o edificam, seja mais tolerante com o próximo, busque se elevar e compreender coisas que até então lhe seriam indiferentes. O desenvolvimento espiritual nada mais é que o desenvolvimento pessoal, íntimo, de cada ser encarnado, o qual é médium dentro e fora do terreiro. É desenvolvimento de comportamento, de atitude, de conduta. Nenhum ser encarnado poderá ser um bom médium se não for uma boa pessoa, com quem se possa relacionar e confiar, disposto a ajudar as outras pessoas que dele necessitam, sem esperar qualquer paga ou recompensa.

As mudanças são contínuas, diárias, mas com a elevação do padrão vibratório do médium, coisas que ele nunca esperava que iriam ocorrer na sua vida vão acontecendo, pois quanto mais elevado o médium, menores são as chances de este ser obsediado pelos infratores da Lei Maior. Os iguais se atraem e os opostos se repelem.

Observe, meu filho, que, no seu caso, você é uma pessoa hoje diferente da que era quando começou a se desenvolver, e há muito caminho ainda para ser trilhado.

E a todos os nossos leitores, deixamos esta mensagem: não se façam de surdos, não ignorem nossas advertências e nossos avisos, pois aqueles que escolhem o árduo caminho do desenvolvimento espiritual e da caridade muitas pedras encontram, mas com certeza, nunca estarão sozinhos para enfrentá-las, podendo estar certos de que chegarão muito melhores ao final do que quando iniciaram esta jornada, esse é o meu, o seu e o nosso objetivo.

Quanto ao orgulho desenfreado, deixemo-lo de lado, pois não somos nada, comparados com a força maior e Suprema, criadora de todos nós. Somos apenas uma centelha divina em constante mutação, dependendo da maior ou menor vigilância para a maior ou menor evolução.

Capítulo 13

Um Pouco sobre a Lei Divina

TR: A Lei Divina consiste em ação e reação, ou seja, tudo aquilo que um deseja para o outro voltará para si. Logo, meu filho, muito cuidado com os pensamentos e os sentimentos menos nobres, cada um tem aquilo que merece. Cada ser emana energia pura, densa ou sutil, conforme os pensamentos que cotidianamente desenvolve. Assim, o encarnado vai criando em torno de si uma corrente energética, que vocês chamam de aura, a qual atrai os afins. Por essa razão, é sempre preciso vigiar, não só as condutas, mas também os pensamentos. Quanto mais densos são seus pensamentos, mais energias pesadas você vai desenvolver, além de atrair também desencarnados que atuam nessa vibração energética.

M: Quer dizer, meu Pai, que quando exprimimos inveja, raiva, ódio ou outros sentimentos densos, acabamos por atrair desencarnados que vibram dessa forma?

TR: Sim, meu filho, quanto mais negativas forem as energias emanadas por vocês, encarnados, a mais desencarnados vibrando nessa mesma sintonia vocês se conectarão. As energias sublimes, sutis, afastam as energias mais densas e energeticamente danosas, pura e simplesmente porque não se misturam. Você já viu água se misturar com óleo? As pessoas iniciam desenvolvendo esse tipo de sintonia, ou seja, vibrando energeticamente de forma baixa, densa, pesada e emanando inúmeros fluidos negativos, o que acaba se transformando em um círculo vicioso. Quanto mais energias densas vocês vibram, mas afins vocês atraem, os quais incentivam que vocês vibrem nessa sintonia, estimulam verdadeiramente, pois os zombeteiros adoram isso, se alimentam disso. Essa energia se transforma em uma verdadeira espiral, que vai aumentando, aumentando, crescendo, até tomar, praticamente por completo, o ser encarnado, o qual, nesse estágio, se encontra obsediado, não só por um, mas também por vários trevosos. Isso não deixa de ser a ação da Lei Divina, da polaridade das energias.

M: Meu pai, as vibrações energéticas densas emanadas por um ser encarnado podem afetar outro ser?

TR: Sim, meu filho, sendo que o estrago pode ser maior ou menor, dependendo de uma série de fatores. Vale dizer, depende de quanto o encarnado destinatário dessa energia está energeticamente equilibrado e é capaz de repelir aquilo que lhe foi enviado. Depende da autorização dos guardiões para agir, pois a energia poderá chegar ao encarnado, com ciência deles, por ser o seu merecimento que assim se verifique, para seu aprendizado e sua evolução.

M: Quer dizer, meu Pai, que a energia pode passar pelos guardiões e atingir o encarnado, mesmo sendo médium, com autorização dos guardiões?

TR: Sim, meu filho, essa energia pode passar pelos guardiões e contar com sua concordância, pois, acima de tudo, são guardiões não só do encarnado, mas também – e o que é mais importante – da Lei Divina, a qual se comprometeram respeitar. Se o encarnado deve passar por aquilo, não podemos impedir, até porque se assim fizéssemos, estaríamos interferindo no livre-arbítrio e na evolução daqueles que buscamos proteger. Proteger tem um sentido muito mais amplo do que vocês, encarnados, entendem. Proteger é garantir que o encarnado siga o melhor caminho em busca da sua evolução pessoal, o que não quer dizer que ele não tenha de passar por obstáculos, pois estes existem para seu crescimento pessoal. Os encarnados têm que aprender com seus erros, mas não precisam passar por momentos ruins, se aprenderem na primeira lição. Ocorre que muitos encarnados erram, sofrem com seus erros, continuam errando e vão continuar sofrendo até que aprendam a lição. A lição não existe para castigar ninguém, apenas para corrigir, mostrar que não estão seguindo o caminho correto, para que haja uma correção no percurso, uma mudança de rota, uma reforma pessoal. Se os encarnados não aprendem, é preciso repetir a lição. Muitos passam a encarnação inteira repetindo os mesmos erros e sofrendo. Só reclamam, só praguejam, nunca aprenderão e continuarão envolvidos por esse ciclo vicioso, porque nada de proveitoso extraem das lições e dos erros cometidos.

É preciso dizer que se uma energia indevidamente encaminhada a alguém encarnado não for merecida por ele, mas este não esteja devidamente equilibrado, poderá, sim, ser afetado por essa energia negativa, causando-lhe transtornos de todas as ordens. Mas é claro que aquilo que foi ocasionado por um encarnado a outro, por ações ou pensamentos, tem de ser devolvido ao outro, como sua paga; é a ação e reação.

M: E a quem cabe devolver?

TR: KKKKKKKKKKKKK *(gargalhada)*. A nós, Exus! Devolvemos, com certeza e presteza, aquilo que foi enviado e não era merecido. Cumprimos a Lei Divina de ação e reação, e, depois, somos mal interpretados; dizem que fazemos mal e prejudicamos os encarnados. Isso não é verdade. O que ocorre na sua vida, meu filho, grande parte, senão a totalidade, é fruto de suas ações e pensamentos. Por esse motivo, fique sempre alerta, policie-se para não incorrer, repetidamente, nos mesmos erros. Estes trazem consequências que para nós não são boas ou ruins, mas apenas consequências.

Capítulo 14

Os Malandros e as Regras

MA: Boa noite, filho.
M: Boa noite, meu pai, o senhor por aqui?
MA: Sim, tive autorização para lhe falar algumas coisas.
M: Que bom, meu pai.
MA: Dizem que os Malandros gostam de quebras regras, não é verdade?
M: Sim, meu pai, assim dizem.
MA: Meu filho, se assim fosse, se todos os Malandros quebrassem as regras, então eles estariam seguindo uma regra?
M: É verdade, meu pai.
MA: Não é assim não, meu filho. Malandros não devem quebrar as regras. Mas, veja, uma coisa é a regra e outra coisa é a exceção. A exceção não nega a regra, mas apenas confirma a regra de que toda regra comporta uma exceção. Há exceção a esta regra, pois há regras que não comportam exceções. Assim, a exceção é exceção, e a regra é a regra, uma não se confunde com a outra. A exceção deve ser tratada como exceção e a regra como regra. Dessa forma, a exceção convive harmoniosamente com a regra. Na gira de Exu, os Exus são a regra e os Malandros, a exceção. Os Malandros não negam os Exus, apenas confirmam que é possível ter manifestação de Malandros na gira dos Exus. Assim, convivem de maneira harmoniosa os Exus e os Malandros, porque trabalham juntos.
M: Muito bom, meu pai, então há manifestação de Malandros na gira dos Senhores Exus, porque ambos trabalham juntos.
MA: Isso mesmo, meu filho, o que é certo. O certo, meu filho, será sempre certo, e o errado, sempre errado. O certo jamais será

errado e o errado jamais será certo. O certo não se confunde com o errado, está certo isto? Preste bastante atenção. Às vezes, o que é certo para você é errado para o outro, e o que é certo para o outro é errado para você. O mais importante é que você não deve ficar olhando e julgando os certos e os errados dos outros. Primeiramente, você deve, acima de tudo, verificar o seu certo e o seu errado. Melhorar o que está certo em você e consertar o que está errado. Afinal, a evolução espiritual que todos almejam passa pela reforma íntima, indispensável para todo esse processo. O que é reforma íntima senão verificar o seu certo e o seu errado, e procurar melhorar o que está certo e consertar o que está errado? Antes de ficar apontando o dedo para os outros, dizendo o que está certo ou errado, como se fosse o dono da verdade, melhor seria verificar seus acertos e erros. Vou recordar uma história que ilustra bem isso. Dois agricultores não haviam feito as oferendas que lhes tinham sido recomendadas. Então, deixaram de agradar Exu, o qual resolveu pregar-lhes uma peça. Assim, colocou um chapéu, que era vermelho de um lado e branco do outro, passou no meio dos dois e os cumprimentou. Um dos agricultores virou-se para o outro e perguntou se conhecia aquele educado senhor que usava um chapéu branco. O outro respondeu que não o conhecia, mas que na realidade o chapéu dele não era branco, e sim vermelho. Ambos os agricultores discutiram, cada um insistindo que o chapéu era da cor branca ou vermelha. Os dois estavam certos ou errados?

M: Acho que estavam certos, era o ponto de vista de cada um deles. Um viu o lado do chapéu vermelho, e para ele o chapéu era vermelho; o outro viu o lado do chapéu branco, e para ele o chapéu era branco.

MA: Não, meu filho, os dois estavam errados. O chapéu não era vermelho nem branco. O chapéu, na realidade, era vermelho e branco, mas a visão deles era tão curta, que não conseguiam ver o outro lado do chapéu. Assim acontece com vocês, pois muitas vezes a visão é tão curta que não conseguem enxergar o verdadeiro lado do problema. Essa história ilustra bem o contraditório, o chapéu vermelho e branco é o contraditório, é o certo e o errado ao mesmo tempo. Não é à toa que nós, Malandros, preferimos estas cores, vermelho e branco, até porque somos contraditórios, como são os senhores Exus, e por esta razão somos tão malcompreendidos. O sagrado não se mistura com o profano. O que é sagrado não pode ser profano. Mas o galanteio do Malandro, o palavrão do Exu e sua gargalhada não são profanos. Sim, aos olhos incautos são profanos, só que na realidade são o profano que é sagrado. Verdadeira contradição. Quando o Malandro faz o galanteio, assim como os senhores Exus dizem palavrões ou soltam uma gargalhada, eles o fazem com intenção sagrada e não profana, com o intuito de desarmar os consulentes, bem como mais facilmente trabalhar a energia que precisa ser trabalhada, auxiliando-os no que for necessário e prestando a caridade. Assim, nós Malandros, como os Exus, trabalhamos com o profano, que nos é sagrado. Fique bem claro isso, aquilo que parece profano não o é, é sagrado. Observe, meu filho, que visto preto e branco porque presto contas ao senhor das palhas, Obaluaiê, que é o Orixá da passagem, da vida e da morte. A vida e a morte são contraditórias? Aparentemente sim, pois para existir a morte é preciso deixar de existir a vida. O preto é contrário ao branco? Aparentemente sim, mas na realidade não é. Se a visão for curta, vocês vão enxergar a vida e a morte como opostos, ou seja, contraditórios, mas, na realidade, a vida é uma só, encarnada ou desencarnada. Assim, meu filho, quando se morre não se deixa de existir, apenas a matéria morre, mas o espírito continua sua evolução depois da morte. Ele continua sua jornada. Então, a vida engloba a vida antes do encarne e depois do desencarne, tudo isso é vida. Ora, o que é o branco? Não é a junção de todas as cores, inclusive o preto? Vida e morte e preto e branco são contradições meramente aparentes. Assim somos nós, Malandros, e são os senhores Exus, aparentes contradições e, por esse motivo, malcompreendidos.

Capítulo 15

Vaidade

MA: Boa noite, meu filho, vamos falar um pouco sobre a vaidade.

M: Boa noite, meu pai, é sempre um prazer ter uma conversa tão esclarecedora com o senhor. Estou sempre à disposição, quando assim desejar.

MA: Vaidade, meu filho, é algo que pode prejudicar e, muito, a evolução espiritual de qualquer pessoa. É por meio desse sentimento que não se enxerga o outro e suas qualidades, apenas seus defeitos. A vaidade é a pior venda que vocês, encarnados, podem colocar em seus olhos; com ela, só enxergam aquilo que querem. Não veem seus próprios defeitos, acham-se superiores a tudo e todos, e o pior de todos é o médium vaidoso. Se tem algo que derruba um bom médium, por melhor que seja ele, é a vaidade, flecha certeira.

M: Nossa, meu pai, por isso sempre devemos ter vigilância constante.

MA: Sim, meu filho, o médium vaidoso acha que só ele é o "bom da turma", só ele faz caridade, suas entidades são as mais fortes e as mais poderosas, até mais poderosas que a mãe ou pai de santo. Ele acaba se esquecendo do principal, pois nenhum trabalho pode ser realizado em separado, mas, sim, há um todo que trabalha conjuntamente, formando uma egrégora da qual todos que nela trabalham precisam de autorizações recíprocas e permissões das mais altas hierarquias para realizar qualquer trabalho, por menor que seja. Veja que não há, em hipótese alguma, trabalho solitário, não autorizado. Existe Lei, meu filho, e todos devemos segui-la, inclusive a Malandragem; como já disse anteriormente, ela não está em terra ou no astral para quebrar regras, mas, sim, segui-las.

M: Meu pai, fale um pouco mais do médium vaidoso.

MA: O médium vaidoso está tão cego, com seu ego inflado vedando-lhe os olhos e os pensamentos, a ponto de passar na frente da entidade falando coisas que não falamos, nem falaríamos em hipótese alguma.

M: E o que os senhores fazem, meu pai?

MA: Nada, meu filho, absolutamente nada. Ficamos apenas assistindo e observando, é o livre-arbítrio. O médium escolheu esse caminho, não por falta de inúmeros avisos e alertas, mas parece que a vaidade tapou também seus ouvidos. A queda é certa, não demora, várias coisas desagradáveis vão acontecendo em sua vida, mas não é verdade que isso tudo faz parte do aprendizado de vocês?

M: É verdade, meu pai, aprendemos pelo amor ou pela dor.

MA: Pois é, como diz meu compadre, Tranca-Ruas das Almas, não se façam de surdos e depois não venham reclamar das consequências. O plantio é facultativo, mas a colheita é obrigatória. Há, também, o médium inspetor, meu filho.

M: Como assim, meu pai?

MA: O inspetor é o médium que fica observando os outros médiuns, apontando-lhes os defeitos, preocupado mais com a "qualidade da incorporação" do seu irmão de santo ou das consultas prestadas pelas entidades deste, e se esquece de que, enquanto age assim, está deixando de prestar atenção ao trabalho que está desempenhando. Quem tem tempo para ficar botando reparo nos outros não tem tempo para fazer bem-feito aquilo a que se propõe, não é verdade? Deixo meu recado aqui para todos que esta mensagem venham a ler: ser médium não é fácil, mas quem disse que seria fácil? É necessário haver dedicação, comprometimento, amor à casa, aos seus irmãos, aos consulentes e, acima de tudo, humildade para aceitar que todos estão em estágios evolucionários diferentes, mas nem por isso são melhores ou piores. Em vez de criticar, procure ajudar seus irmãos e mantenha a humildade. Críticas nunca podem ser construtivas, pois o que parece certo para vocês pode efetivamente estar errado. Não se coloquem na posição de donos da verdade, dispam-se de vaidade, pois na Umbanda verdadeira não há lugar para isso, apenas para o amor e a caridade. Salve sua banda! Boa noite para quem é de boa noite e bom dia para quem é de bom dia!

Capítulo 16

Compromisso e Falsas Promessas

MA: Boa noite, meu filho, vamos ter uma conversa ao pé do ouvido?

M: Sim, meu pai, estou à disposição, pode falar.

MA: As palavras são ditas pelo falador, mas são compreendidas apenas pelo merecedor. Não aceite falsas promessas.

M: É verdade, meu pai, não devemos, para não criar falsas expectativas e suas frustrações.

MA: Há uma grande diferença entre estas e o compromisso. As promessas podem ou não ser cumpridas, já o compromisso deve ser seguido. Falo ao seu ouvido aquilo que não pode ser falado, mas deve ser dito. Uma meia palavra vale mais que uma inteira, bem-dita e colocada, na ocasião apropriada. Não sou de meias palavras, o que tenho para falar eu falo, goste quem gostar. Vou falando ao seu ouvido, e trate de bem decifrar a mensagem que estou a lhe passar, serve para você e para quem necessitar dela. É assim que trabalho: esclarecendo o que não está claro, buscando orientar aquele que desejar, já que o livre-arbítrio não vou violar. Conselho de Malandro é de graça, não precisa pagar; quem gostar que goste, quem não gostar não desfaça. O recado que tinha que dar está dado, para quem serviu, que sirva. Quem tem ouvidos é para ouvir, e olhos para ler. Se você entendeu, muito bem; senão, leia tudo de novo. Não se faça de bobo, sei bem o que faço.

Capítulo 17

A Pedra no Sapato

No sapato tinha uma pedra.
A pedra estava no sapato.
O sapato protegia o pé,
Mas também protegia a pedra.
O caminhar não era tranquilo,
porque a pedra machucava o pé.
O medo fazia com que não se tirasse o sapato,
Para não machucar o pé.
Mas a cada passo dado,
O pé ficava cada vez mais esfolado.
O sapato que protegia o pé
Protegia a pedra.
O sapato era para não machucar o pé,
Mas o machucava.
O caminhar se tornava mais lento e dificultoso,
Mas o medo de andar descalço era maior.
Até que, para não perder o sapato,
O indivíduo perdeu o pé.

O medo, meu filho, faz com que as pessoas não se libertem daquilo que falsamente as protege. A proteção, às vezes, é apenas uma aparência que o medo faz cultivar. Não devemos ter medo de tirar os sapatos, se eles abrigam pedras. Andar descalço é melhor que com uma pedra no sapato. É preciso saber quais sapatos devemos calçar e de quais devemos nos livrar. Não devemos ter medo da mudança, do andar descalço. O medo é falta de fé, pois quem tem fé anda descalço no fogo em brasa, sem queimar os pés.

Mensagem recebida de Tranca-Ruas das Almas

Capítulo 18

Obstáculos no Caminho

Um velho caminhava tranquilamente pela estrada.
No caminho que seguia nada o atrapalhava.
A Luz que o conduzia lhe indicava o caminho a seguir.
Animais tentavam, em vão, distrair sua visão.
Até folhas e galhos no caminho se colocavam,
Mas o velho não titubeava,
Sabia o que queria e perseguia esse objetivo.
Isso se chama foco, fé e determinação.
Quanto maior o foco, melhor o censo de direção.
Quanto maior a fé, maior a certeza do caminho a ser percorrido.
A determinação, esta sim, faz com que fé e foco caminhem juntos.
No caminho existem inúmeras pedras, folhas, animais e galhos
Que são colocados para desviar do caminho a ser seguido.
A escolha é sua, seguir adiante, desviando dos obstáculos,
Ou parar, mudar o rumo e desviar-se do caminho.
Para cada escolha há uma consequência.
Assim como o velho, que segue seu caminho com fé, foco e determinação,
Não devem os filhos esmorecerem.
Devem enfrentar os obstáculos,
Jamais se desviando do caminho.

A caminhada é longa, mas quem disse que seria fácil?, como diz meu amigo Tranca-Ruas. Com jogo de cintura é fácil desviar dos obstáculos sem perder o rumo. Na vida terrena isso é a arte do bom Malandro, que se desvia dos obstáculos da vida sem esmorecer, sem perder o foco, mantendo sempre a Fé, na certeza de que, no final do caminho, a caminhada há de ser compensadora. O velho caminhava orientado pela Luz, e vocês vão seguir a Luz? A opção é de vocês e a consequência das escolhas, também.

Mensagem redebida de Malandrinho das Almas

Capítulo 19

Santo Antônio

Santo Antônio, falo deste senhor com carinho.
Filho de Exu que foi, teve seu destino,
trilhando o caminho da ajuda aos necessitados.
Um dos mais justos senhores que conheci.
Sempre preocupado em unir aqueles que estão separados,
Colocar amor no coração dos amargurados.
Santo Antônio não é Exu,
Como Exu não é o Diabo.
Não confunda, por favor,
isso é jogada de palavreado,
que busca ofuscar aquilo que não entende ou faz não entender.
Mas, por trás disso tudo, há um querer,
manipular e controlar, tudo o que o tirano pode desejar.
Assim como Exu, peça a Santo Antônio, ele vai ajudá-lo.
A moça ou rapaz que tanto você precisa encontrar,
Se está aflito, o amor é única saída.
Ame a todos, como se fossem você mesmo,
Mas, acima de tudo e em primeiro lugar, ame-se, pois cada um somente pode dar aquilo que tem dentro de si.
Laroyê, Exu! Salve Santo Antônio!

Mensagem de Tranca-Ruas das Almas

Capítulo 20

Medo de Exu

M: Por que será, meu pai, que as pessoas têm tanto medo de Exu?

TR: Meu filho, as pessoas têm medo de Exu, porque ele é o espelho. Quando as pessoas olham para Exu veem tudo aquilo que é bom, mas todo o mal que habita dentro delas. Exu, tanto entidade como Orixá, são os que estão mais próximos do ser encarnado, são os espelhos fiéis dos defeitos e das virtudes humanas.

M: Meu pai, quer dizer que Exu então pode ser bom e mal?

TR: Não, meu filho, Exu não é bom, nem é mal, é cumpridor da Lei Divina, ou seja, executor, faz com que tudo que é plantado seja colhido. Se você vai até Exu pedir o mal, com certeza, você colherá os frutos do seu plantio. Se você fizer mal às pessoas, aos seus irmãos encarnados, esse será seu destino, sua colheita, que é sempre obrigatória, e são os Exus que irão lhe trazer a paga, não porque são maus, mas porque estão cumprindo a Lei de Causa e Efeito. As pessoas têm medo de Exu porque ele mostra a elas tudo que há de negativo nas suas personalidades, e, muitas vezes, olhar no espelho não é nada agradável. A maldade, meu filho, existe no coração dos encarnados. Nos desencarnados, somente existe naqueles que não têm Luz, não seguem a Lei Divina, estão perdidos e, por esse motivo, devem ser auxiliados e encaminhados. A maldade não é exclusiva dos encarnados, atinge também os desencarnados, mas jamais uma entidade de Luz, cuja missão é exatamente combater, encaminhar e orientar, tanto encarnados como desencarnados.

M: Meu pai, mas tendo ciência do meu lado negativo, por intermédio de Exu, que o mostra, o que devo fazer?

TR: Meu filho, tomando consciência do lado negativo, dos seus defeitos, do lado mais obscuro do seu íntimo, cabe ao ser humano proceder a reforma íntima; a melhora na vida dos encarnados passa por uma constante reflexão, além da mudança. Nós, Exus, trabalhamos no esgotamento das negatividades, pois tudo que é negativo deve ser esgotado.

M: Então, conte-me: como é feito esse esgotamento?

TR: O esgotamento, meu filho, se dá ao potencializar excessivamente aquilo que o encarnado tem de mal, que não sabe nem se deu conta disso. Muitas vezes, o encarnado não entende a expressão "é preciso ver para crer". Por exemplo, uma pessoa viciada em sexo terá sexo em excesso, será obsediada por espíritos que vibram nessa sintonia, até que, por meio do esgotamento, não suporte mais isso e deseje efetivamente uma mudança de comportamento.

M: Meu pai, nesse caso, os Exus não irão fazer nada para impedir que essa pessoa seja obsediada?

TR: Não, meu filho, ficamos aguardando o exato momento para agir. Há encarnados que aprendem sem necessidade de apanhar, mas há outros que não aprendem a lição facilmente, de modo que é preciso esgotar sua negatividade, potencializando-a ao máximo, para que possam aprender com os erros, e claro, com suas consequências. Enquanto não aprendem a lição, continuam errando e colhendo as consequências dos seus erros. A nós, Exus, cabe apenas orientar, se estiverem dispostos a ouvir. Caso contrário, que sigam esgotando suas negatividades, pois esse é o livre-arbítrio, o qual também cabe a nós respeitar. Reforma íntima é a chave que abre todas as portas. Somos tão feios quanto são os seus sentimentos, as pessoas têm medo não de Exu, mas do espelho que ele representa.

Capítulo 21

Gratidão

TR: Boa noite, vamos falar sobre gratidão.

M: Com certeza, é sempre um prazer receber esses ensinamentos preciosos, meu pai.

TR: Gratidão, meu filho, é a chave que abre todas as portas e todos os caminhos. É preciso ser grato pelo amanhecer do dia, pois vocês estão vivos, e se renova a oportunidade de reforma íntima e de evolução espiritual. É preciso agradecer pelo Sol de cada dia, pois ele auxilia vocês, encarnados, na produção dos elementos químicos necessários para manter o corpo saudável. Os raios solares fazem com que as plantas cresçam e possam alimentar todos os seres encarnados. É preciso agradecer pela terra, que leva todos os nutrientes para as plantas, as quais, por sua vez, servem de alimento aos seres viventes. É preciso agradecer pela chuva, pois sem água ninguém vive; ela faz as plantas florescerem e se multiplicarem. É preciso agradecer pelo ar, pois sem ele vocês não viveriam nem sequer um minuto. Seja grato a todos os elementos da natureza, seja grato pelo seu dia, por sua noite, por tudo o que lhe acontece. Seja grato também pelo que não deu certo ou não ocorreu como você desejava, pois, com certeza, lhe servirá de lição, de aprendizado, e o auxiliará na sua evolução como pessoa e como espírito encarnado. Seja grato pelo que deu errado, sim, porque você não tem a menor ideia do que poderia ter ocorrido; coisas muito piores poderiam ter lhe acontecido, sendo que o que deu errado pode representar um livramento, uma proteção.

A gratidão é importante ferramenta na caminhada de vocês, encarnados. Quando vocês a expressam irradiam energias puras, límpidas e de altíssima vibração, sendo que tudo que se planta também se colhe. Seja grato, todos os dias, todas as horas, envolva-se nessa espiral de gratidão, e todo o universo, toda a natureza lhe devolverão aqui o que emana.

Você sabe, meu filho, que em razão da Lei da Identidade das Polaridades, ou afinidades energéticas, atraímos tudo aquilo que é idêntico à energia que emanamos. Assim, será próspero aquele que exala prosperidade, e prosperidade não se mede por meio do saldo da conta bancária, mas pela saúde, pela alegria, pelo viver bem, em paz consigo mesmo e com outros que o rodeiam.

A gratidão é uma chave universal, capaz de abrir todas as portas e caminhos. Não há caminhos fechados, nem dificuldades para quem vive na gratidão, ao contrário daqueles que reclamam por tudo, somente atraindo aquilo que não edifica, pois reclamar é clamar ao universo e pedir mais e mais daquilo que se experimenta.

Seja grato, hoje e sempre. Pare de reclamar e verá como as coisas ao seu redor irão se modificar, como a prosperidade baterá à sua porta, e como a paz de espírito lhe trará cada vez mais energia para perseguir seus objetivos, os quais são seus e de mais ninguém, pois o caminho a percorrer é só seu.

Cada ser tem o próprio caminho, a própria trajetória, história, vivência e as próprias experiências. Ninguém é igual a ninguém, ninguém precisa ser igual a ninguém. Não há um modelo único, pois cada ser encarnado se encontra em um estágio diferente de evolução. É preciso entender e aceitar isso, olhar para o outro, compreendendo que cada pessoa é diferente, por isso age, pensa, ama e sente de forma diversa, sem que algo seja necessariamente certo ou errado.

Julgue menos as pessoas, aceite-as como são, seja grato por poder conviver com elas, afinal, você não é o justiceiro do mundo. A Justiça Divina não tarda nem falha, tenha certeza disso. Como sempre digo, o plantio é facultativo, mas a colheita é obrigatória. Plantem mais amor, sejam gratos pela oportunidade de evoluir, enquanto encarnados, pois muitos desencarnados ainda não têm essa chance e talvez demore muito para alcançarem-na.

Gratidão pela possibilidade de escrever e me expressar através de você, meu filho.

M: Gratidão, meu pai, pela oportunidade de servir como aparelho para a transmissão do seu conhecimento e de mais uma lição tão preciosa. Boa Noite. Laroyê Exu! Mojubá.

Capítulo 22

O Paraíso do Umbral

TR: Boa noite, filho, vamos falar um pouco do "Paraíso do Umbral".

M: Sim, meu pai, o que seria isso?

TR: Você já sabe o que é o Umbral, não é verdade? É o local para onde vão os espíritos desencarnados que desperdiçaram sua encarnação como forma de evolução, deixaram de fazer aquilo que teria de ser feito para sua edificação espiritual, perseguiram e prejudicaram seus semelhantes encarnados, acarretando consequências tanto na carne como no pós-carne. Eles são recolhidos e têm seu livre-arbítrio limitado ou até mesmo bloqueado, já que abusaram deste e o utilizaram para causar prejuízos aos próximos e a si mesmo.

M: Sim, entendo meu pai. Todos aqueles que desperdiçaram em sua vida terrena a oportunidade de reforma íntima e de evolução espiritual têm de ser recolhidos para terem as lições necessárias, a fim de alcançar a compreensão do caminho a ser seguido.

TR: Exatamente isso. Vale dizer que esses espíritos não gozam do livre-arbítrio porque abusaram dele e acabaram sendo privados dessa oportunidade. Neste ponto surge o tema da nossa conversa. Onde é o "Paraíso do Umbral"? Esse é a própria carne, a vida encarnada, pois na encarnação os seres encarnados gozam de pleno livre-arbítrio, e podem fazer tudo o que quiserem e desejarem. Existe liberdade!

M: Verdade, temos a liberdade de escolhas dos caminhos e da conduta que podemos adotar.

TR: De fato, meu filho, a liberdade é plena, ao contrário do que ocorre no Umbral, mas essa liberdade não é livre de consequências.

Toda escolha corresponde a uma consequência, na carne e fora dela. Não há causa sem efeito, nem efeito sem causa. Por essa razão, é preciso sempre ficar atentos às escolhas que vocês fazem. Não abusem do livre-arbítrio, não o utilizem para prejudicar as pessoas em benefício próprio ou alheio. Tudo que é feito na carne tem reflexos diretos no desencarne e após o desenlace.

M: Verdade, como o senhor sempre diz, é preciso orar e vigiar a busca da reforma íntima.

TR: A reforma íntima é uma busca interminável. O encarnado deve ter noção disto: quanto mais busca, mais será testado, mais será cobrado. A todo aquele que, por merecimento, são concedidos dons, a cobrança será maior, pois o fortalecimento somente vem por meio da prova da resistência, da firmeza de caráter, de princípios, fundamentos, fé e amor incondicional. Tudo isso somente é alcançado com o exercício diário, como o trabalho contínuo, sendo que quanto mais se sobem os degraus, maiores são os desafios a serem superados.

M: Entendo, meu pai, quanto mais se eleva espiritualmente, mais se é cobrado.

TR: Exatamente, mas a fé, inabalável, é o combustível necessário para prosseguir na caminhada. Não espere de mim ou de seus protetores e guias que sejam retirados os obstáculos do seu caminho, espere apenas apoio e força para superá-los. O medo, a incerteza são medidas de pouca fé. Quem tem fé não tem medo, mas, sim, a certeza de estar sempre amparado e auxiliado pela espiritualidade maior, que acompanha atentamente todos os seus passos e vibra com suas vitórias e seus passos corretos, mas se entristece com seus passos incorretos ou a incerteza do que virá depois.

M: É verdade, meu pai, não é fácil manter-se firme no caminho, na crença e na fé, mas temos que ser perseverantes.

TR: Meu filho, nós escolhemos os encarnados para uma missão, na certeza de que são capazes de cumpri-la. Não tenha medo, pois capacidade você tem para enfrentar as dificuldades e os obstáculos, estaremos sempre juntos nessa caminhada, que é sua, é minha, é nossa. Esse é o compromisso que assumimos juntos, antes mesmo do seu encarne. Não se esqueça: você está vivendo o "Paraíso do

Umbral". Faça bom uso do seu livre-arbítrio, que a colheita é certa. Nada é fácil, mas se fosse, não seriam escolhidos os mais fortes, perseverantes e disciplinados. Você tem o meu apoio e o de toda a espiritualidade, siga em frente, no caminho da evolução espiritual e na caridade aos seus semelhantes. Quanto mais você caminha nesse sentido, mais lhe é dado, mas, na mesma medida, mais lhe será cobrado. Manter-se firme será sempre o melhor remédio para todas as dificuldades e para contornar os obstáculos, que não são poucos. Porém, isso é uma conversa boa para ter com o Malandro, muito hábil em desvencilhar-se e desviar-se, com sabedoria, das pedras que aparecem no caminho. Ficamos por aqui, boa noite.

M: Boa noite, meu pai. Laroyê Exu! Mojubá!

Capítulo 23

A Festa da Quaresma

Era dia de festa no astral. Em uma mesa comprida, havia um bolo enorme que abrangia toda a sua extensão. O bolo era todo rosa, com bordas azul-claras, todo enfeitado e bem confeitado, dava vontade de comer só de olhar. Aos poucos, os pequenos erês, cada um deles representando um Orixá, foram chegando e se posicionando em volta da mesa.

De repente, apareceu um ser não convidado, era o Quaresmento Morumbento, que passou a assustar a molecada, que ficou em pânico.

Lentamente, as entidades foram surgindo uma a uma. Primeiro, os amados Pretos-Velhos, depois os Caboclos, os Marinheiros, os Ciganos, os Baianos, os Exus e, finalmente, as Pombagiras. Como não podia ser diferente, amararam o intruso, colocaram-no em um caixão bem forte, e dali ele foi retirado.

Embasbacados com aquela cena, os erês se sentiram aliviados. Sem perder tempo, Guianzinho passou a reclamar que no bolo não tinha bolinhas de inhame e, por isso, não estava completo. Não perdeu tempo a Oxunzinha em reclamar que faltara o quindim, de modo que, assim, a festa não estaria completa. Logo em seguida, a pequena Janaína disse que não havia canjica nem manjar, coisas que não poderiam faltar nessa festa.

O Pedrinha logo se adiantou e disse que poderia faltar tudo, mesmo o quiabo, tão gostosinho, que tanto adora. A pequena Oyazinha falou que de nada adiantava o quiabo se não houvesse os acarajés – bolinhos indispensáveis para que a festa fosse grande e tivesse a exuberância que merecia. Oxalazinho disse que nada disso adiantava e que realmente estava faltando era a uva Itália, bem como a canjica regada com mel. O pequeno Curumim, Oxossinho, disse que o bolo estava bonito, mas faltavam algumas folhas para enfeitar, além do milho cozinho, indispensável para ocasiões de festa como essa. Ogunzinho falou: "De que adianta todo esse bolo se não tem uma faca para cortar, isso não está correto!" Exuzinho afirmou que o bolo poderia ter sido enfeitado com pimentas-malaguetas e, assim, ficaria bem mais bonito. Um a um, os pequenos representantes dos Orixás foram colocando e expondo defeitos da festa que se realizava naquele momento.

Na ponta da mesa, ouve-se um estrondo: "Chega!", afirmaram o Preto-Velho e a Preta-Velha, que ali se apresentaram em uma única voz. "Ora, esta festa está sendo realizada para comemorar um ano da passagem de vocês do mundo material para o astral. Aqui se apresentou um ser umbralino, o Quaresmento, que foi por nós amarrado, expulso e enviado para um local onde não possa perturbá-los, e o que vocês fazem? Reclamam, reclamam e reclamam.

De nada adianta as entidades de luz afastarem de vocês os seres umbralinos, se mantiverem os sentimentos pelos quais eles se expressam e se ligam dentro de vocês. Reclamar somente vai trazê-lo de volta ou mesmo aproximar outros que vibram na mesma sintonia.

Enquanto se ocuparam em reclamar do que estava faltando no bolo, ou seja, aquilo que pessoalmente lhes agrada, se esqueceram de observar tudo aquilo que está no bolo e agrada a todos. Esqueceram-se de agradecer pela oportunidade de ter essa festa em comemoração de um ano de passagem, enquanto outros espíritos ainda se encontram vagando e perdidos.

Não adiante expulsar os seres inferiores se mantiverem em sua essência toda a sua energia. Quaresma é para refletir, para agradecer acima de tudo, e não para reclamar. É momento de reflexão. Agora, podem comer o bolo, só não se lambuzem demais."

A gurizada em coro agradeceu: "Adorei as Almas!".

Mensagem de Tranca-Ruas das Almas

Capítulo 24

Coronavírus

O gigante, e ao mesmo tempo microscópico, surgiu, fazendo com que todas as pessoas se ajoelhassem perante ele. Toda a humanidade foi chamada à reflexão, a conviver com seus entes queridos, a olhar para o próximo de forma mais caritativa, a exercer o amor incondicional e se preocupar com quem sequer conhecia.

Silêncio: o gigante, microscópico e invisível chegou. Exige respeito, veio fazer a cobrança e chamar a atenção da humanidade para o despertar do respeito naquilo que não se vê, mas existe, e pode até matar.

O coronavírus é o gigante e ao mesmo tempo microscópico, o invisível, mas existe, é a contradição em si mesmo, exatamente como é Obaluaiê, que é a vida e a morte, a doença e a cura, a transição que se faz necessária neste momento.

Pena que apenas uma pequena parcela da humanidade se dará conta disso, da necessidade da mudança, do respeito àquilo que lhes é invisível aos olhos, mas se sente no coração, no corpo e no espírito.

O mundo espiritual está bastante atarefado, vejam quantos desencarnados têm vindo para cá! Quantos revoltados, porque tinham planos e não veem razão de terem sido escolhidos, não conseguem entender e aceitar. Há bastante trabalho por aqui, mas há muito o que os encarnados devem fazer ainda.

Como foi dito em outra quadra, é necessário o desenvolvimento do amor incondicional, da solidariedade e do respeito à natureza, que está, por meio do gigante invisível e microscópico, fazendo a sua cobrança.

Nada disso foi por acaso, a natureza respira aliviada. Será que assim os encarnados vão entender da necessidade do respeito e da preservação da fauna e da flora, sob pena de exaustação de todos os recursos naturais?

Muitos perderam suas vidas, fizeram a passagem, desencarnaram, e vários outros também ainda desencarnarão. Isso é necessário, imprescindível, e se tornou inevitável, como forma de frear a humanidade.

Boa parcela dos encarnados que pensa, reza e pede pela cura dos doentes, pelos seus desencarnados que se foram, está mobilizada em oração.

Fazia muito tempo que não se viam uma corrente tão forte e uma energia tão boa por parte de uma série de encarnados. Precisamos dessa energia, pois se aí há muito trabalho, aqui também não falta o que fazer, pois é necessário encaminhar esses desencarnados perdidos.

Muitos, dada a sua evolução espiritual, estão nos ajudando nessa tarefa. Desencarnaram e imediatamente foram recrutados. Tudo era previsto, tudo era sabido, inclusive a cura, que em breve virá.

Os desencarnados, entre eles me incluo, esperam que essa cura não seja somente a física, da doença, com a descoberta dos medicamentos que combatam e eliminem o gigante, microscópico e invisível, mas também a cura do coração e do espírito dos encarnados.

Ajoelhem-se, o gigante, microscópico e invisível chegou, ele exige respeito, caridade, empatia, união, reflexão, mudança de comportamento, de postura.

A humanidade colhe os frutos do que plantou, da ganância desenfreada, da individualidade exacerbada, da falta de amor ao próximo, da falta de fé, da crença no invisível, daquilo que não se pode ver, mas apenas sentir.

Tranca-Ruas das Almas

SEGUNDA PARTE

Capítulo 25
Os Atabaques

Neste capítulo, vamos falar sobre um assunto bem interessante: a Curimba. Quando falamos de Curimba, devemos ter em mente que essa palavra representa o conjunto de instrumentos de percussão, isto é, os atabaques, e os tocadores desses tambores, os Curimbeiros ou Ogãs.

Os atabaques são os instrumentos musicais utilizados na Umbanda. Eles fazem parte da sua ritualística, nos terreiros que mais se aproximam do culto de nação. Dependendo da casa de Umbanda, você não vai encontrar os atabaques, porque o terreiro está mais ligado à vertente espírita, kardecista, que, normalmente, não faz uso desses instrumentos musicais, utilizando-se das palmas para acompanhar os pontos cantados.

Os atabaques são agrupados em número de *três*: o "Rum", "Rumpi" e "Lê". O atabaque maior é o "Rum", e é ele que comanda os outros dois, ou seja, o "Rumpi" (de tamanho intermediário) e o "Lê" (de tamanho menor).

Aquele que toca o atabaque no culto de nação, ou seja, no Candomblé, é chamado de Ogã, e na Umbanda é chamado de Curimbeiro. No culto de nação, o cargo de Ogã é exclusivamente masculino, sendo que isso deve ser bem entendido. Não há nada de machista nesse fato, muito pelo contrário. Trata-se de um fundamento, logo, deve ser respeitado, já que há cargos também que são exclusivamente de mulheres, como o caso das Èkèjís.

Esses dois cargos são de extrema importância no culto de nação, já que tanto Ogã como a Èkèjí não viram no Orixá. No culto de nação se entende que a pessoa não incorporará o Orixá, pois ele está dentro de cada um de nós, isto é, trata-se da partícula divina que está dentro de nós, de modo que se entende que o Orixá se externa em uma espécie de excorporação e não incorporação – o que se chama, comumente, de virar no Orixá.

Tanto o Ogã como a Èkèjí têm um Orixá. Existe, inclusive, uma iniciação específica para eles, consistente em serem apontados e suspensos, mas a despeito disso não viram no Orixá, ou seja, a divindade que habita neles não se manifesta na sala. Eles são considerados detentores de um cargo tão importante no Candomblé que são equivalentes a Pai e Mãe de Santo (Babalorixá e Yalorixá).

Isso é extremamente importante, pois imaginem um Ogã tocando atabaque, de modo a chamar os Orixás para a sala para trazê-los para o Xirê, isto é, para que venham festejar com os encarnados; se no meio dos toques o Ogã virasse no Orixá, a música acabaria e, consequentemente, a festa estaria encerrada. Por essa razão, ele não vira no Orixá.

A Èkèjí, por sua vez, também tem cargo de grande importância, pois ela não vira no Orixá e é responsável por vestir a divindade que se apresentou em terra, bem como servi-la, fornecendo-lhe todo o suporte necessário para que se manifeste adequadamente, dentro dos fundamentos do culto de nação, no Xirê.

Assim, bem entendido, mulher não toca atabaque no culto de nação. Contudo, o leitor deve estar pensando e mentalmente chamando a minha atenção, pois já viu mulheres tocando atabaques na Umbanda.

De fato, dependendo da casa de Umbanda que você frequentar, vai encontrar mulheres tocando os atabaques, sendo que em outras isso não é admitido. Ora, o que está certo ou errado? Eu diria a você, meu leitor, que ambas as situações estão corretas, pois isso depende do fundamento que a casa adota, ou seja, se não se permite que a mulher toque atabaque, essa casa se aproxima dos fundamentos do culto de nação; se a casa permite, esta se aproxima da vertente espírita.

Algumas casas não permitem, principalmente, quando a mulher está menstruada, porque o atabaque come e, dependendo da fundamentação da casa, é alimentado com ejé, ou seja, com sangue, resultante da imolação de animais.

Dessa forma, você encontra casas de Umbanda que seguem o culto de nação à risca, de modo que mulheres não tocam atabaque, bem como poderão encontrar outras casas de Umbanda, mais distanciadas do culto de nação, em que isso é permitido.

É importante dizer que a Umbanda é irmã do Candomblé, tem muito fundamento do culto de nação, porque tanto o Candomblé como a Umbanda são religiões de matriz africana, mas são religiões distintas e com fundamentos próprios, de modo que nada impede que a Umbanda tenha os seus próprios rituais e fundamentos, afastando-se um pouco do culto de nação.

Vejam que a maioria sustenta que não há manifestação de Orixá na Umbanda. Ora, se não há manifestação de Orixá, e sim de falangeiros apenas, isso representa uma diferença da Umbanda para o Candomblé. Aliás, a Umbanda é bastante diferente do Candomblé, de modo que se no Candomblé somente o Ogã pode tocar os atabaques, não há problema algum que na Umbanda as mulheres possam fazer parte da Curimba, já que não se trata de uma casa de Candomblé, mas, sim, um terreiro de Umbanda, cujos preceito e fundamento são distintos.

É claro que o leitor poderá encontrar casas de Umbanda em que somente homens podem tocar, o que também está correto, porque essa casa certamente tem forte ligação com o culto de nação.

Assim, podemos concluir que não está errado nem de uma forma, nem de outra, dependendo do fundamento da casa. Vamos parar com essa coisa de ficar apontando o dedo para os outros e ficar dizendo que uma coisa está certa ou errada. Há certas pessoas que se sentam na cadeira de Xangô e se acham no direito de sair julgando tudo e todos.

Ora, se naquela casa onde há mulher tocando a Curimba o terreiro está funcionando bem, prestando a caridade, então pare de apontar o dedo e vá conhecer o trabalho que está sendo realizado.

Da mesma forma, se na outra casa somente homem toca atabaque e, a despeito disso, o terreiro está funcionando bem, prestando a caridade, ajudando as pessoas, está perfeito, já que a Umbanda é a manifestação do espírito para a caridade.

As pessoas têm mania de rotular as coisas e dizer o que está certo ou errado, esquecendo-se de que a Umbanda é a água, e você pode bebê-la num copo de vidro, plástico ou metal, bem como numa xícara;, e a água vai continuar sendo a água, independentemente do recipiente que você usar.

A Umbanda é a manifestação do espírito para a caridade, de modo que existem diferenças entre os vários terreiros, com diferentes fundamentações, mas todos devem prestar a caridade, isso deve ser comum em todos eles, vale dizer haver a manifestação do espírito para a caridade. Isso é a água, sendo que o resto é apenas o recipiente e não a essência.

Devemos parar de criticar, pois está certo sim que as mulheres toquem atabaque, e o fazem lindamente. Elas têm todo o meu apoio e minha admiração, porque curimbeiro é da Umbanda e Ogã é um cargo do Candomblé, razão pela qual é preciso fazer essa distinção.

Ficou com dúvida? Quer saber efetivamente como é a casa que você frequenta? Pergunte ao seu pai de santo, e ele certamente lhe responderá qual é o fundamento adotado pela casa. Vale sempre lembrar a frase que costumo usar: "O Ministério da Macumba adverte: na dúvida, pergunte ao seu pai de santo".

Capítulo 26

Exu Não é Super-herói

Exu, ou qualquer outra entidade, não é super-homem, não é super-herói, preste bem atenção nisso que vou esclarecer neste capítulo.

A maioria dos Exus veste sua capa, mas não são super-heróis. Exu veste capa, mas não é o Batman. Ele é uma entidade, ou seja, um espírito de uma pessoa que teve uma vivência carnal e desencarnou. Tem a sua própria história, logo, para continuar evoluindo, precisa prestar a caridade, pois não há evolução sem caridade. Isso serve para o encarnado e, também, para o desencarnado. Ele, então, passa a trabalhar em conjunto com um médium em um terreiro de Umbanda, auxiliando as pessoas que procuram ajuda naquela casa.

Para começo de conversa, Exu não é super-homem, tendo em vista que ele não é homem, e sim um espírito. Essa observação é necessária, porque muitos médiuns, em especial aqueles que estão iniciando sua jornada na Umbanda, têm uma verdadeira fixação por Exu e acabam achando que ele é poderoso, que o Exu deles é o mais forte, que faz e acontece.

É preciso observar que o Exu não é "o seu Exu", já que a espiritualidade não é sua, mas, sim, ela trabalha com você para prestar a caridade aos nossos semelhantes. Então, o Exu que trabalha comigo não é o meu Exu, porque o Exu não é objeto da minha nem da sua propriedade.

Alguns umbandistas gostam da expressão: "Quem me protege não dorme". Gente do céu! Que coisa mais horrível! Principalmente da forma que é utilizada, vale dizer, para ameaçar as pessoas. Ora, a expressão "Quem me protege não dorme" está bem se utilizada no sentido de que você está protegido sempre 24 horas por dia. Infelizmente, há algumas pessoas com o péssimo costume de usar a religião para ameaçar as pessoas com frases do tipo: "Olha com quem você está mexendo!"; "Quem não pode com mandinga não carrega patuá!"; "Toma cuidado comigo, que sou macumbeiro!". É de chorar, não é? Fala a verdade!

Isso é um absurdo! Onde essas pessoas vão buscar esse fundamento? Qual terreiro elas frequentam, se é que frequentam? A Umbanda é manifestação do espírito para a caridade, o que não se coaduna com nada disso. O que essa pessoa está fazendo é incentivar o preconceito contra nossa religião. Ela está somente aumentando o preconceito. Vamos parar com isso, gente!

O Exu que trabalha comigo, com você e com todas as pessoas, pelo menos na Umbanda séria, na Umbanda verdadeira, que tem fundamento, presta a caridade, é um fiel trabalhador, fiel cumpridor da Lei Divina, ele se manifesta em terra para ajudar as pessoas. Ele pode até trazer um castigo para alguém, porque é fiel cumpridor da Lei Divina, e isso faz parte do seu mistério, pois o plantio, meus irmãos, é sempre facultativo, mas a colheita é obrigatória.

Então, vamos parar com essa história de que meu Exu é poderoso, essa coisa de ameaçar as pessoas, dizendo para terem cuidado com você, pois não conhecem o seu Exu.

Exu não é Diabo, nenhuma entidade que se manifesta na Umbanda – que é a manifestação do espírito para a caridade – vai fazer mal a alguém. Se alguma entidade falar que faz e acontece, que quebra a perna, que é poderosa, que é a "The Best", o "Exu última bolacha do pacote", desconfiem. Não se trata de um Exu, podendo ser duas coisas:

Trata-se de manifestação de um Kiumba, espírito zombeteiro, trevoso, se passando por Exu; ou

Mistificação do médium, o qual está passando na frente da entidade, falando coisas que ela jamais falaria.

Isso ocorre porque o médium é extremamente vaidoso, e a vaidade é causa do declínio de muitos médiuns, os quais deixam se levar e acabam dando cabeça para manifestação desses espíritos zombeteiros que, claro, vão falar muita besteira.

Da mesma forma, nenhuma Pombagira é mais poderosa que outra. Ela tem os poderes que a Lei Divina lhe confere, para que possa prestar auxílio às pessoas. Ela não traz o amor de volta em sete dias. Ela traz de volta, sim, o seu amor-próprio, pois é preciso que as mulheres se amem, se valorizem e se empoderem para serem amadas, para que não se deixem ser abusadas, no mais amplo sentido da palavra, porque o que nós mais vemos hoje em dia são relacionamentos abusivos, ou seja, rapazes que não respeitam as moças.

A Pombagira poderosa é a que orienta a sua filha sobre como ela deve agir e se comportar nos relacionamentos, como ela deve seguir a própria vida. Ela ensina a cultivar o amor-próprio e os relacionamentos, bem como a ser fiel, porque Pombagira não é prostituta. Vamos parar com essa história de que ela é mulher da vida, de sete maridos.

Esse discurso de algumas pessoas que se dizem umbandistas está chato, feio, somente alimenta o preconceito contra a Umbanda, de modo que devemos repensar tudo isso, pois as entidades de luz que se manifestam na Umbanda não se prestam a esse papel, estão ali para prestar a caridade. A reforma íntima é uma das palavras-chave. Vocês devem buscar melhorar, se reformar e se transformar em pessoas muito melhores. Afinal, para que entraram na Umbanda?

Capítulo 27

Natal e Umbanda

A pergunta que não quer calar, geralmente feita no final do mês de dezembro, é: um umbandista comemora o Natal? Para responder a essa questão, sugiro ao meu caro leitor a leitura do meu primeiro livro, *Guia Prático sobre a Umbanda*,[1] no qual esclareço o que é Umbanda, a qual tem seu fundamento no Catolicismo, no Espiritismo, na pajelança indígena e no Candomblé.

Tanto a Umbanda como o Candomblé são religiões de matriz africana, porém genuinamente brasileiras. Quando entramos em um terreiro de Umbanda, lá no centro, bem em cima do Congá, nós vemos a imagem de Jesus Cristo, sincretizado em Oxalá.

O leitor diria que frequenta uma Umbanda que é fundamentada no culto de nação, sendo que nessa vertente há repúdio ao sincretismo, de modo que não deveria festejar o Natal?

Em relação a essa questão, pondero que respeito tal posicionamento e quem assim pensa, já que existem várias Umbandas. Mas, o fundamental é o que sempre digo: a manifestação do espírito para a caridade. Se você repudia o sincretismo, fique à vontade para usar apenas imagens dos Orixás no seu Congá. Eu, sinceramente, firmo velas para Ogum, por exemplo, também para São Jorge, pois prefiro estar protegido por ambos. Vale dizer que prefiro ter a proteção de Oxalá e de Jesus Cristo. É claro que é preciso compreender que Oxalá veio antes de Jesus Cristo, e um não se confunde com o outro, mas é inegável que Jesus Cristo era filho de Oxalá. Assim, pelas suas características, ele foi sincretizado com o Orixá e deve

---

1. Obra publicada pela Madras Editora.

ser respeitado, por sua história, não é verdade? Uma história, aliás, muito interessante.

Não devemos ser radicais a esse ponto. Você, meu caro leitor, pode até não aceitar o sincretismo, nem comemorar o Natal, mas não deve ser radical e intolerante com seu irmão de fé, que pensa diferente, pois, caso contrário, agirá exatamente como agem os outros, da outra religião, que umbandistas e candomblecistas tanto criticam por sua postura.

Para ser respeitado é preciso respeitar, pois se trata de uma via de mão dupla; somente posso exigir respeito se sou respeitoso com as demais crenças.

Se você não concorda com o sincretismo e acha que o umbandista não deve comemorar o Natal, perfeito, muito embora a Umbanda seja sincrética e tenha fundamento cristão, sim. A Umbanda tem fundamento no Catolicismo, mas respeito a sua opinião, sendo que o leitor também deve respeitar o meu ponto de vista, pois somos irmãos de fé e devemos nos respeitar.

Não queremos ser tolerados, porque tolerância existe quando eu não suporto uma pessoa, aí eu a tolero. A palavra tolerância tem esse sentido, por isso é algo que não gosto muito de utilizar, particularmente prefiro usar a palavra respeito. Nós, umbandistas e candomblecistas, não precisamos ser tolerados, e sim respeitados.

É preciso que se respeitem não só aqueles que são de outra religião, como os evangélicos, os católicos, os espíritas, os budistas, entre outros, mas também os próprios irmãos umbandistas que cultuam uma Umbanda de uma forma diferente. Se queremos ser respeitados e batemos tanto no peito pedindo respeito e dizendo não à intolerância religiosa, nós precisamos ser respeitosos, dar o exemplo. Com isso, respeito e exijo que os outros me respeitem. Sendo assim, respeito o seu amém, então, respeite o meu axé!

Tendo isso em mente, vamos respeitar aqueles que comemoram o Natal, sejam os nossos irmãos cristãos católicos, umbandistas, candomblecistas, não importa, o que importa é o respeito pela crença do outro, pelas diferenças, pois nós não somos todos iguais.

Capítulo 28

Orixá Regente

Será que existe um Orixá ou vários Orixás que regem um ano? Se o leitor fizer uma pesquisa rápida pela internet, vai encontrar inúmeros vídeos ou textos a respeito desse tema, sendo que a maioria deles fala sobre a regência de Orixás em um determinado ano.

Vários são os métodos apontados para dizer qual será o Orixá ou Orixás regentes, passando desde a análise dos planetas até contas com os números que compõem o ano, dia da semana em que se inicia o novo ciclo, e daí por diante.

Não concordamos com nada disso! É importante que se diga, contudo, que, pelo fato de discordarmos, isso não nos obriga a odiar a outra pessoa. Quando discordo de tudo isso é porque não vejo fundamento no que é passado, não me convence, mas respeito quem pensa de modo diverso do que eu penso.

Não falo em nome da Umbanda, porque dela não tenho procuração, falo em meu nome e não me convenci, até hoje, dos fundamentos apresentados para justificar que um ou outro Orixá vai reger determinado ano.

Sinceramente, não consigo entender o que tem a ver com Umbanda associar um Orixá a um astro, a um planeta, muito embora exista a Umbanda Esotérica, da qual não comungamos do mesmo entendimento. A Umbanda surgiu da fusão do Catolicismo, do Espiritismo, da pajelança dos índios e do culto de nação, de modo que ela não tem nada a ver com astros, com a Astrologia e o esoterismo, que são outras coisas, com as quais não se deve misturar.

Misturar Umbanda com astros e Astrologia, salvo em melhor juízo, é como misturar Umbanda com Santo Daime, que virou

"Umbandaime", com o que também não concordo. Parece-me bagunçar o culto mesclando coisas muitos distintas.

A Umbanda tem fundamento no culto de nação, sendo que em determinadas regiões da África somente se cultua um único Orixá durante os 365 dias do ano, de todos os anos. Assim, na Nigéria, o rei do Ketu sempre foi Oxóssi, ele era o principal Orixá, bem como em Oyo era Xangô, e assim por diante. Ora, nessas localidades todos os anos são regidos por Xangô, no caso de Oyo, e Oxóssi, no caso da Nigéria.

É inegável que sofremos uma mudança porque o Candomblé é brasileiro, assim como é a Umbanda, razão pela qual foram feitas algumas adaptações. A Umbanda não é uma religião estática, portanto, está em constante movimento, em constante mutação, bem como não é uma religião fechada, que não possa se alterar, tanto que vem se modificando com os tempos.

Está certo, então, vamos aceitar que existe uma Umbanda esotérica, segundo a qual determinamos os Orixás regentes do ano, como se fossem signos do horóscopo. Vamos definir os Orixás regentes com base em números cabalísticos, o que, diga-se de passagem, virou modismo.

De qualquer forma, existe uma pergunta que não quer calar: o que muda na sua vida, de acordo com o Orixá que vai reger o ano, de acordo com essa "ciência" apresentada por muitos? A resposta é nada, absolutamente nada.

Sinto informar-lhe que quem vai reger seu ano é seu Orixá de coroa, pois é ele o responsável, em conjunto com o adjunto. Eventualmente, para aqueles que acreditam existir o ancestral, por sua vida, sua existência, sua missão na terra, vale dizer, seu destino.

Eles, junto aos seus guias, é que vão orientar, proteger e guardar você, durante o novo ano e por todos os anos de sua existência. Veja que se um terreiro é uma casa de Umbanda de Ogum, é Ogum quem vai reger aquele terreiro no novo ano e em todos os anos de sua existência. Ora, se uma casa de Candomblé é uma casa de Xangô, é Xangô quem vai reger o novo ano e todos os anos daquele ilê.

Verdadeiramente, me parece um pouco de modismo essa história de Orixá Regente do Ano. Contudo, temos que respeitar aqueles que pensam de forma diferente, pois é necessário que respeitemos as diferenças. Aprendi muito bem isso, pois minha formação acadêmica é jurídica, no Direito, no qual temos vários pontos de vista a respeito de uma única questão, que devem ser respeitados, pois isso representa o que há de mais caro em um país democrático, que é a liberdade individual de cada pessoa.

Capítulo 29

Incorporação

Quando falamos sobre incorporação, é importante ter em mente que há três tipos:

1) **Incorporação inconsciente:** o médium é tomado pela entidade e, praticamente, entra em uma espécie de sono profundo. Quando retorna do transe mediúnico, não se recorda de absolutamente nada do que ocorreu durante o tempo em que esteve tomado pela entidade.

2) **Incorporação semiconsciente:** o médium, ao retornar do transe mediúnico, recorda-se em flashes de apenas algumas coisas, dentre tudo o que se passou durante o tempo em que esteve tomado pela entidade.

3) **Incorporação consciente:** o médium se recorda de tudo o que ocorreu durante o transe mediúnico, inclusive enxerga e ouve, mesmo estando incorporado.

É fato, meus irmãos, que a incorporação inconsciente é extremamente rara, praticamente quase ninguém que desenvolve a mediunidade hoje é um médium inconsciente. São mais comuns os casos de incorporação semiconsciente, sendo que a maioria dos médiuns, hoje em dia, é consciente.

É importante que se diga que não existe incorporação mais forte ou mais fraca, em razão de ser ela consciente, semiconsciente ou inconsciente, vamos deixar bem claro isso. O fato é que, como a maioria dos médiuns é consciente, é preciso estudar cada vez mais e mais, já que a entidade irá usar o mental do médium, isto é, os conhecimentos que você, meu caro leitor, como médium agrega. Dessa forma, é preciso estudo, até para que o médium possa entender a mensagem que a entidade está passando, a fim de não ocorrer ruído nessa comunicação, ou seja, a entidade fala arruda e o médium entende que é manjericão.

Esta questão da comunicação médium/entidade é extremamente importante, pois corresponde à espinha dorsal do trabalho mediúnico incorporado. Não posso conversar com uma pessoa que fala inglês sem entender esse idioma. Ora, se não entendo o que a pessoa fala, vou traduzir de forma errônea. Se a pessoa fala em inglês: "*The books are on the table*", eu, que não sei inglês, posso traduzir como: "Os pratos estão na cama", quando o correto seria: "Os livros estão na mesa".

Com esses exemplos, está claro por que o médium precisa estudar, com o intuito de compreender as mensagens transmitidas pela espiritualidade e repassá-las com assertividade ao consulente. Logo, o médium necessita de estudo para entender aquilo que a entidade está falando na sua cabeça. O seu mental é o instrumento que a entidade vai utilizar no instante da incorporação, e, por consequência, quanto mais eu estudo, melhor é o instrumento que entrego para a espiritualidade trabalhar.

Perceba que quanto mais eu estudo, mais sigo corretamente os preceitos, tais como: os banhos, as velas firmadas, a abstinência de álcool, além de não manter relações sexuais nas 24 horas que antecedem a gira. Assim, repito, melhor é o instrumento que estou entregando para a espiritualidade trabalhar.

Precisamos fazer os banhos antes da gira, porque estamos em um padrão energético menos elevado, em relação ao alto padrão energético das entidades. Desse modo, para haver a chamada incorporação, ou melhor, o acoplamento (sobre o qual eu explico melhor adiante), a entidade precisa baixar sua energia para chegar próximo ao nosso padrão vibratório, a fim de se movimentar, se comunicar, dar o passe e realizar as consultas através de nós.

Como já expliquei anteriormente neste livro, não acontece uma real incorporação, e sim um acoplamento, pois a entidade fica logo atrás do médium, gruda nos chacras dele e consegue então se comunicar, usando a boca e as cordas vocais do médium, além de conseguir dar o passe e fazer a energia fluir, sendo esta canalizada em benefício do consulente.

Vale recordar que a entidade utiliza a energia do mental do médium, de modo que ele precisa estudar e tomar banho de ervas para que sua energia esteja a mais limpa possível e não crie dificuldade para a entidade se acoplar, a fim de que esta possa trabalhar plenamente. Observe que as entidades fazem um esforço danado para baixar seu padrão vibratório e acoplar nos médiuns, logo, o mínimo que estes têm de fazer é seguir os preceitos.

É preceito não comer carne no dia da gira, porque a carne tem um padrão vibratório pesado, denso, com origem no abate de um animal, bem como demora para ser digerida pelo nosso organismo. Se comemos carne no dia da gira, não vamos estar com o padrão vibratório legal elevado, o que pode causar problemas para ocorrer o acoplamento, inclusive gerando dificuldade para a entidade.

Não devo manter relações sexuais no dia da gira, não porque o sexo seja sujo ou pecaminoso, o que não é aplicável aqui, pois esses conceitos não dizem respeito à Umbanda, mas pelo fato de que na relação sexual há uma intensa troca de energias, e quando você troca energia com outra pessoa, vai à gira não somente com a sua energia, mas também com a de quem você manteve relação sexual, o que, certamente, vai atrapalhar a sua incorporação.

Ressalto, ainda, que não devemos ingerir bebidas alcoólicas, porque elas levam a um estado alterado de consciência e baixam seu padrão vibratório. Então, é importante que você esteja na gira em seu estado normal de consciência, com a sua energia a mais limpa e sutil possível, para que a entidade possa se acoplar e trabalhar lindamente, com você se projetando com naturalidade a um estado alterado de consciência, o que se aprende quando se realiza o desenvolvimento mediúnico.

Além de seguir todos esses preceitos, é importante que você, caro leitor que é médium, se entregue à entidade, para que ela possa trabalhar adequadamente. Se não há entrega, isto é, confiança na espiritualidade, o acoplamento e o trabalho mediúnico não serão adequados. Isso me faz lembrar o carro da autoescola: a pessoa que está aprendendo a dirigir está ali no volante e o instrutor, ao lado, no banco do passageiro, onde tem um pedal para frear o carro caso precise. O médium que não confia na entidade parece um instrutor da autoescola, pisando a toda hora no freio do automóvel, que fica dando tranco, ou seja, o médium também fica dando tranco, e a entidade querendo acoplar nele e ele segurando, dificultando o trabalho mediúnico.

Como a maioria dos médiuns é consciente, lembra-se da incorporação, do que a entidade falou e fez. Mas, aí surge a dúvida: sou eu ou a entidade? Acredite sempre que será a entidade, desde que você não passe na frente, tenha cumprido adequadamente seus preceitos, respeite a espiritualidade, se entregue, e esteja de corpo inteiro na Umbanda, para prestar a caridade a seus irmãos por amor ao próximo, aos seus irmãos, à Umbanda, que é manifestação do espírito para a caridade.

A incorporação é algo muito simples, como é a Umbanda, sendo que o que você precisa é de muita dedicação. Não se preocupe, pois ao incorporar você não vai para "Nárnia" e não volta mais. Não tenha essa preocupação, pois como eu disse, a maioria dos médiuns é consciente. Nenhuma entidade vai tomar seu corpo, trata-se apenas de mero acoplamento.

No Candomblé, ocorre uma ritualística pouco diferente da Umbanda, pois lá o iniciado "vira no Orixá". Entende-se que o Orixá, que é uma partícula divina que está dentro do iniciado, se externa. Por isso, a expressão "virou no Orixá". Na Umbanda, nós incorporamos as entidades, que são espíritos externos, não estão dentro de nós, os quais se acoplam para realizar o trabalho caritativo.

Capítulo 30

Devo Oferendar Exu Primeiro

Será que sempre preciso oferendar Exu, antes de qualquer oferenda? A resposta é sim, claro. O leitor já deve ter ouvido o ditado: "Nada se faz sem Exu". Contudo, não se preocupe se você fez uma oferenda a um Orixá ou Guia e não oferendou Exu antes. Como você não sabia, está tudo certo, pois quando não sabemos não há ofensa nenhuma. Ofensa seria se você soubesse e não fizesse por preguiça, por exemplo, ou por achar desnecessário.

Vamos entender um pouco melhor isso. Neste capítulo, não vou explicar quem é o Orixá Exu, com detalhes, pois já o fizemos no livro *Guia Prático sobre a Umbanda*, mas é importante lembrar aqui que esse Orixá é o mensageiro, o responsável por fazer a comunicação entre o Ayê, que é a terra, e o Orum, local onde habitam os Orixás e as entidades, ou seja, uma espécie de céu. Na qualidade de mensageiro, Exu é o responsável por encaminhar a oferenda, isto é, levar seu pedido ao Orixá ou a uma entidade.

Assim, você sempre deve reservar uma parte da oferenda, o que pode ser bem simples, para agradar primeiramente Exu. Para ser mais explícito, vou dar um exemplo: se quero entregar um inhame para Ogum em uma estrada de ferro, antes de entregar minha oferenda, vou firmar uma vela preta e vermelha para Exu, pedindo licença para arriar aquele inhame, bem como pedir ao mensageiro dos Orixás que leve essa minha oferenda, esse meu pedido, a Ogum. Claro que se você puder e souber, é interessante você *bater o paó*, assim que acender a vela para Exu e formular seu pedido. Aqui, neste livro, ensino exatamente como aprendi. Porém, se você aprendeu de outra forma, faça como lhe foi ensinado.

Para bater o paó, é comum bater palmas por três vezes, seguidas de outras sete palmas, repetindo esse ciclo três vezes. Em seguida, cumprimenta-se Exu, dizendo "Laroyê, Exu Mojubá". Laroyê significa o falador, o comunicador; "Mo" é uma partícula possessiva, que quer dizer meus; e "jubá" significa respeito. Assim, você está cumprimentando Exu, chamando-o de comunicador que tem o meu respeito. Deve completar, então, a reverência, fazendo seu pedido para que a oferenda possa ali ser depositada e que seja levada a quem ela se destina.

O fato de oferendar Exu antes de qualquer oferenda encontra fundamento em vários itans. Veja um que explica esse fundamento:

Olodumarê Exu era o cozinheiro de todos os Orixás. Nessa função, ele era responsável por cuidar da comida, preparando-a com asseio e zelo. Contudo, certa vez, percebeu que havia esquecido de adicionar a pimenta. Os Orixás, ao experimentarem a refeição, notaram a ausência desse tempero essencial, deixando a comida sem sabor.

Diante disso, Exu pediu paciência aos Orixás, informando que sairia rapidamente e retornaria com o ingrediente que faltava. Logo que Exu saiu, Xangô, conhecido por sua gulodice, aproximou-se da comida e começou a comê-la, mesmo sem a pimenta. Os outros Orixás seguiram o exemplo, continuando a comer vorazmente até saciarem sua fome, esgotando completamente a refeição, não deixando nada para Exu, que havia cozinhado para todos eles.

Ao retornar com as pimentas, Exu ficou surpreso ao encontrar os pratos vazios, pois os Orixás haviam devorado tudo, não deixando nada para ele. Sentindo-se injustiçado, Exu dirigiu-se a Olodumarê para expressar sua insatisfação. Sua reclamação foi aceita, e uma determinação foi feita: dali em diante, antes de qualquer Orixá comer, Exu deveria comer primeiro uma parte daquilo que eles comessem.

Evidentemente que, no contexto umbandista, comer tem um sentido mais amplo. Por esse motivo, antes de qualquer oferenda, seja a um Orixá, seja a uma entidade, Exu deve ser oferendado primeiramente. Se vamos entrar em uma mata, por exemplo, como ali é um campo sagrado, temos de pedir licença a Exu das Matas para adentrar aquele local. Se vamos entrar em uma cachoeira, da mesma forma temos que pedir licença ao Exu da Cachoeira, etc., pois há Exu em todos os lugares. Sempre que vamos adentar lugares sagrados, e os domínios naturais são sagrados para nós, devemos pedir licença seja para Exu, seja para os Orixás responsáveis por esses domínios.

Capítulo 31

Inimigos da Umbanda: Arrogância e Falta de Humildade

Para ilustrar este tema, resolvi trazer ao leitor uma história verídica, que aconteceu em um centro espírita de uma pequena cidade do estado de Minas Gerais, tempos atrás.

Conta-se que os médiuns desse local estavam presentes realizando seus trabalhos de esclarecimento e doutrinação. No curso da sessão, um Preto-Velho incorporou em um médium e começou a falar. Assim que os médiuns perceberam que o espírito que ali se manifestava era o de um Preto-Velho, mandaram suspender a incorporação. É importante observar, para que o leitor possa compreender, que nesse centro não se aceitava incorporação de Pretos-Velhos, pois os dirigentes consideravam esses espíritos não evoluídos. Logo, não eram admitidos a orientar uma atividade de doutrinação. O espírito foi então convidado a se retirar do centro. O Preto-Velho fez o que eles pediram e foi embora.

Na sequência, o médium incorporou o espírito de um filósofo, um doutor de nome difícil, provavelmente europeu, que foi muito bem recebido por todos os presentes. O filósofo passou instruções e recomendações aos médiuns presentes, fez os trabalhos de doutrinação, e todos ficaram felizes e maravilhados com a intervenção desse espírito, considerado por eles um espírito muito elevado.

Concluída a doutrinação, os dirigentes resolveram encerrar os trabalhos. No entanto, o médium em questão, novamente, começou a se manifestar, apresentando nova incorporação. Todos ficaram pasmos com essa incorporação espontânea e perguntaram quem é que se apresentava ali. O espírito respondeu que era de novo o Preto-Velho. O dirigente fez cara de tédio e perguntou o que ele ainda queria ali nos trabalhos do centro. O Preto-Velho então disse:

– Zifio... Ce suncê mi permiti, só quiria que ocês sobessem qui o dotô que apareceu agora há poquinho era este Preto-Velho aqui, que agora proseia com vosmicês.

Todos ficaram espantados com a revelação... O Preto-Velho, então, começou a não mais falar como um Preto-Velho:

É engraçado isso, meus irmãos, pois quando apareci como Preto-Velho, fui praticamente expulso dos trabalhos de vocês. Mas, depois, quando eu voltei como um doutor, um filósofo europeu prestigiado, com conhecimento acadêmico, com toda a pompa e ar de autoridade, todos me trataram muito bem, ouviram meus conselhos e ficaram felizes e maravilhados com a aparição. Por que isso, meus filhos? Devo alertá-los para esse comportamento de vocês. Prestem muita atenção nisso, meus irmãos... No plano espiritual, assim como em toda a realidade universal, não existem aparências. As aparências existem apenas aqui na Terra. Deus, em sua sabedoria infinita, oculta aos seus olhos as verdades do espírito camufladas pelas aparências do mundo, para que vocês aprendam a vê-las com os olhos do coração, com a visão da alma, e possam enxergar a verdade como ela é. No plano espiritual, meus irmãos, não existem doutores, nem classes sociais; não existem nacionalidades, religiões, raças, nem essas divisões humanas que vocês criaram em toda parte para se sentirem melhores uns que os outros. No plano espiritual, o que vale é o que você é lá no fundo, e não o que você tem. Não, meus irmãos... todas essas divisões são ilusórias. No plano espiritual, o que vale é o amor, a verdade, a paz, a harmonia interior. No plano espiritual, ninguém é julgado por ser rico ou pobre, branco ou negro, doutor ou uma pessoa simples. Vamos tomar cuidado, meus queridos filhos, com o veneno da hipocrisia e do preconceito. Não podemos permitir que as aparências do mundo roubem a sua essência. O importante é o que cada um traz em sua alma, em seu espírito. O que importa de verdade é ser simples e verdadeiro... ser honesto e ter caráter, ser caridoso e ter o amor no coração. Não se deixem levar pelas aparências, todas elas estão erradas, e vemos isso muito claramente quando chegamos ao plano espiritual.

O Preto-Velho despediu-se e deixou a sala de atendimento do centro espírita. Os trabalhadores ficaram envergonhados com seu próprio comportamento, mas adquiriram uma pérola de sabedoria que nunca mais, em toda a sua vida, seria esquecida.

É fato que os verdadeiros inimigos da Umbanda não estão fora, mas, sim, dentro de cada um de nós. São a arrogância e a falta de humildade, achar que uns são melhores do que os outros, na carne e fora dela.

Capítulo 32

Padê de Exu e Pombagira

Padê é uma oferenda comumente feita para Exu e Pombagira, acompanhada dos respectivos pedidos de proteção e bons caminhos. É fato que os caminhos são de Ogum, mas Exu também é responsável por trazer bons caminhos, paz e proteção.

Posso fazer um padê, também, em agradecimento a uma graça alcançada. Posso pedir a Pombagira que me traga equilíbrio emocional, amor-próprio, autoestima, pois é esse amor que ela traz de volta. Quer saber mais sobre essas maravilhosas trabalhadoras do astral? Consulte o *Guia Prático sobre a Umbanda*, no qual falo detalhadamente sobre elas.

Para fazer o padê, a ser depositado na natureza, devemos evitar o uso de um vasilhame de barro, conhecido como alguidar, já que demora para se decompor e vai poluir a mata. Além disso, se quebrar, pode machucar alguém. Então, devemos dar preferência a folhas de bananeira ou mamona.

É importante dizer que na mata não se deve deixar plástico, vidro ou qualquer outro material que não se decomponha facilmente, pois devemos procurar preservar o meio ambiente. Afinal, nossa religião cultua os Orixás, que são forças da natureza. Logo, as matas, os mares, os rios, etc., são sagrados; são moradas dos Orixás, de modo que não devem ser emporcalhados. Não vou à sua casa e despejo um monte de lixo na sua sala, não é mesmo? Não devemos fazer isso na natureza.

Ademais, não devem ser colocados padês nas encruzilhadas, já que não existe Exu somente nas encruzilhadas, eles estão em todos os lugares. Também não devemos entregar o padê na encruzilhada, pois isso estimula o preconceito contra a nossa religião, uma vez que deposito o padê e alguém vai ter de limpar a "sujeira" que deixei no local.

Igualmente, já com o padê pronto, não devo realizar a oferenda a Exu dentro da minha casa, pois sua energia é densa e pode atrapalhar meu sono ou de quem mais viva comigo ali. Por outro lado, você pode arriar seu padê no quintal da residência ou até na área de serviço ou varanda, se você residir em um apartamento, deixando no local por um, três, cinco ou sete dias, devendo, depois disso, despachar na mata, tomando o cuidado para não poluir o meio ambiente.

Padê para Exu

Veja os ingredientes que você vai precisar para fazer seu padê de Exu:

um alguidar para colocar os itens do padê;
azeite de dendê;
farinha de mandioca crua e grossa;
uma garrafa de cachaça;
um charuto;
sete búzios abertos;
sete moedas prateadas;
sete pimentas dedo-de-moça;
uma vela preta e vermelha ou toda branca (considerando que o branco contém todas as cores).

Modo de preparo:

Para preparar o padê, comece jogando farinha de mandioca crua e grossa em um alguidar e cubra com azeite de dendê. Misture os dois elementos com as mãos até obter uma massa homogênea. Durante esse processo, faça seus pedidos, desejando caminhos abertos, paz, prosperidade e proteção.

Ao finalizar o padê, decore-o com sete pimentas dedo-de-moça, sete búzios abertos, sete moedas prateadas e uma vela vermelha e preta. Em um copo, preferencialmente de vidro, coloque a cachaça, que não deve ser deixada na mata durante a entrega da oferenda. Acenda um charuto e posicione-o sobre o copo de forma que fique suspenso sobre as bordas, sem contato com o líquido. O charuto também pode ser colocado com a brasa para cima, inserido no padê.

Com a oferenda pronta, você pode colocá-la em sua casa, na área de serviço, mantendo-a ali por um, três, cinco ou sete dias. Após esse período, deposite os elementos no pé de uma árvore bonita na mata, assegurando que nada que possa prejudicar a natureza seja deixado ali.

Lembre-se também da recomendação que fiz anteriormente: ao depositar o padê na mata, não utilize alguidar, e sim as folhas de bananeira ou mamona. A cachaça não vai ser colocada em um copo, mas, sim, despejada em círculo, em volta do local onde você arriou o padê, da direita para esquerda, ou seja, em movimento circular, anti-horário. Você pode acender o charuto e da mesma forma colocá-lo, com a brasa para cima, enfiado no padê. Certifique-se de que a vela não vai causar incêndios na mata, bem como recolha qualquer lixo do chão. Após arriar a oferenda na mata, saia de costas, dando três passos, vire-se e vá embora, sem olhar para trás, não deixando nada que possa poluir o meio ambiente.

Padê para Pombagira
Agora, confira os ingredientes que você vai precisar para fazer o seu padê para Pombagira:
um alguidar;
mel;
farinha de mandioca crua e grossa;
uma garrafa de champanhe, de preferência *rosé*;
cigarros longos ou cigarrilhas;
sete búzios abertos;
sete moedas douradas;
uma flor da fortuna;
uma vela preta e vermelha ou toda branca.

Modo de preparo:
No alguidar, despeje a farinha de mandioca crua e grossa. Cubra-a com mel e misture os dois elementos com as mãos, até obter uma massa homogênea. Durante a mistura, faça seus pedidos, desejando caminhos abertos, paz, prosperidade, proteção, entre outros.

Para finalizar o padê, decore-o com sete búzios abertos, sete moedas douradas e uma vela vermelha e preta. Despeje o champanhe em uma taça, preferencialmente de vidro, a qual não deve ser deixada na mata após a entrega à natureza. Acenda os cigarros ou cigarrilhas e coloque-os no padê, enterrando-os com a brasa para cima.

Feito isso, a oferenda está pronta para ser colocada em sua casa, na área de serviço, onde deve permanecer por um, três, cinco ou sete dias. Após esse período, deposite tudo no pé de uma árvore bonita na mata, garantindo que nada seja deixado para agredir a natureza.

Ao depositar a oferenda na mata, não se deve usar o alguidar; o padê deve ser colocado em uma folha de bananeira ou mamona, enfeitado com sete búzios abertos, sete moedas douradas e uma vela vermelha e preta ou toda branca.

A champanhe também não deve ser colocada em taça, mas ser despejada em círculo, em volta do local que você arriou o padê, da direita para esquerda, ou seja, em movimento circular, anti-horário. Você pode acender os cigarros ou cigarrilhas e da mesma forma colocá-los, com a brasa para cima, enfiados no padê. Ao lado de tudo, você deve colocar a flor da fortuna.

Feitos esses procedimentos, a oferenda está arriada na mata. Certifique-se de que a vela não vai causar nenhum incêndio na mata, nem deixe nada que possa poluir o meio ambiente. Saia de costas, dando três passos e vire-se para ir embora, sem olhar para trás.

Capítulo 33

Macumba Pega?

Será que "macumba" pega? Eu preciso me preocupar? Primeiro, vamos esclarecer as coisas. "Macumba", na realidade, é um instrumento musical. Desde já, é preciso dizer que há uma impropriedade ao utilizar a palavra "macumba" como algo negativo. Esse instrumento musical era usado, antigamente, nas chamadas "Macumbas Cariocas", que constituíam uma espécie de culto, realizado pelos negros libertos, anterior ao surgimento da Umbanda, ou seja, antes de Zélio Fernandino de Moraes e do Caboclo das Sete Encruzilhadas.

Anteriormente à fundação da Umbanda, como existe hoje, já havia manifestação do espírito para a caridade, que ocorria na "Macumba Carioca", sendo que quem participava dessas seções de "Macumba" podia constatar que ali se tocava um instrumento assim chamado. Aquele que tocava o instrumento era chamado de macumbeiro, e o nome do instrumento acabou por ser utilizado para denominar o culto.

Contudo, mais tarde, a expressão "Macumba" acabou sendo utilizada de forma pejorativa, associada a algo ruim, feito com o intuito de prejudicar uma pessoa. Certamente, as pessoas referiam-se à "manifestação do espírito para a maldade". O leitor deve estar se perguntando: existe manifestação do espírito para a maldade? Ora, não existe manifestação do espírito para a caridade que ocorre na Umbanda? Evidentemente, pode haver a manifestação do espírito para a maldade, mas isso nada tem a haver com a Umbanda.

Agora, chegamos ao ponto. Então, Macumba pega? Acredito que sim, pois creio na força dos Orixás, na força das entidades e na manifestação do espírito para a caridade, tanto quanto tenho acredito na existência de espíritos zombeteiros, que não seguem a Lei Divina e a luz. Consequentemente, praticam todo mal aos seres encarnados, seja por vontade própria, seja porque são estimulados a isso pelos nossos sentimentos baixos de raiva, de rancor ou desejo de vingança.

Esses espíritos vibram nessa faixa energética negativa e, claro, são atraídos por tudo aquilo que pensamos e vibramos, razão pela qual devemos sempre orar e vigiar. Devemos sempre fazer nossas orações, nos dedicar ao sagrado, mas também vigiar, ou seja, tomar cuidado com a vibração que estamos mantendo. Se baixamos nosso campo energético – todos baixam, porque ninguém é de ferro, considerando o mundo em que vivemos, pois passamos por aborrecimentos diários, por problemas –, e acabamos atraindo espíritos não desenvolvidos, que vibram nessa faixa energética e podem trazer problemas para os encarnados.

O caro leitor deve estar me perguntando: Marcelo, existe "magia negra"? Para começo de conversa, "magia negra" me parece algo pejorativo, inclusive racista, já que pressupõe que tudo que é negro é ruim, logo, a "magia branca" seria boa. Ora, vamos parar com isso. Existem, de fato, a "baixa magia" e "alta magia". Assim, os espíritos evoluídos são aqueles que trabalham na Umbanda, praticam a "alta magia", ou seja, a manifestação do espírito para a caridade. Os espíritos não evoluídos, por sua vez, são aqueles que não seguem a Lei Divina. São chamados de zombeteiros, Kiumbas, trevosos, e outras denominações já conhecidas, representando a manifestação do espírito para a prática da maldade.

A manifestação do espírito para a maldade pode ocorrer de forma manipulada, comumente, envolvendo uma troca, paga ou recompensa para que o espírito possa prejudicar o encarnado. É lógico que existem pessoas que se valem desses espíritos para prejudicar os outros. Bem, esclarecida essa questão, meu irmão, minha irmã, lembre-se de que isso não é "macumba", é "baixa magia", "feitiço", no mau sentido do termo.

Veja, não há "macumba" pior, nesse sentido incorreto, porém, muito utilizado pelo senso comum, que é o olho-gordo. Lembra-se daquela pessoa que entra na sua casa, olha para uma planta, faz um elogio, e esta seca, morre? Esse seu "amigo" é o conhecido "amigo seca pimenteira".

"Macumba", nesse sentido, são esses sentimentos baixos do ser humano. Por exemplo, o sentimento de vingança. A pessoa não clama pela justiça, ela quer se vingar. Com isso, atrai espíritos obsessores que vibram nesta faixa vibratória e podem até prejudicar outra pessoa. Contudo, não podemos esquecer que na vida existe a Lei de Causa e Efeito, de modo que o plantio é facultativo, mas a colheita é sempre obrigatória. Então, se você prejudicar alguém por atos ou pensamentos, vai, certamente, sofrer as consequências, razão pela qual devemos sempre orar e vigiar o tempo todo.

"Macumba" pode pegar você, com certeza! Qual é a forma de evitar que a macumba o pegue? Essa é a pergunta que não quer calar. Vamos, então, à resposta: vou lhe contar o segredo. Mantenha sua energia alta. Quem mantém sua vibração, seu padrão energético vibratório alto, não é atingido, está blindado contra qualquer ação do "baixo astral". Para que isso ocorra, você deve tomar seus banhos de ervas, firmar suas velas, manter suas firmezas e orações em dia, suas oferendas aos Orixás, às entidades e a seus guardiões. Permanecendo em sintonia com o astral superior, com os guias e as entidades de luz, certamente você estará protegido dessas energias negativas, porque uma coisa é certa: água não mistura com óleo.

Pode ser que você venha a ser atingido, porque alguém mandou uma demanda, um obsessor do baixo astral. Mas isso ocorreu porque você está desequilibrado, seu padrão energético não está legal. O "olho-gordo" e a inveja são esses sentimentos ruins, então a "macumba" pega? Sim, pode pegar, se você não se blindar; se tiver pensamentos ruins; se não praticar a reforma íntima; se não cultuar suas entidades; se não fizer suas oferendas; se não tomar seus banhos de erva; se não praticar a caridade. Se fizer tudo isso, certamente você estará protegido. "Macumba" pega se você não se cuida!

Capítulo 34

Banho de Ervas

Temos dois tipos de banhos de ervas: o banho de ervas secas e o banho de ervas frescas. Embora semelhantes, os banhos de ervas diferem ligeiramente em seu preparo. No primeiro, as plantas secas são adicionadas à água fervente, procedimento seguido pelo desligamento do fogo e pelo abafamento até esfriar. Por outro lado, no banho de ervas frescas, as plantas frescas são maceradas.

Neste capítulo, vou ensinar você a fazer um banho básico, de ervas frescas, com as três principais ervas, normalmente utilizadas pelos umbandistas. Porém, você pode fazer com outras, desde que saiba quais combinar no banho.

O **banho de ervas secas** é bem simples, como eu disse, não exigindo maiores explicações. Apenas coloque a água no fogo, e quando estiver fervendo, mergulhe as ervas e desligue o fogo; aguarde esfriar e coe o banho. O restante é exatamente igual, como vou explicar, no preparo do banho com ervas frescas.

Para o **banho de ervas frescas**, vamos precisar dos seguintes ingredientes:

uma garrafa pet de dois litros com água filtrada ou água mineral;

uma bacia de ágata (se não estiver disponível, pode ser utilizada uma bacia exclusiva para essa finalidade);

roupas brancas (opcional, mas recomendado ao preparar algo relacionado aos Orixás ou às entidades, como sinal de respeito);

suporte para vela;

uma vela palito;

um copo com água;

um isqueiro ou fósforo (ambos podem ser usados, pois o objetivo é utilizar o elemento fogo e não pólvora);
um maço de arruda;
um maço de guiné;
um maço de alecrim.

Observações

Antes de preparar o banho, as ervas devem ser lavadas. A bacia de ágata também precisa ser lavada e defumada, garantindo que esteja consagrada para esse fim.

Antes de começar o preparo do banho propriamente dito, você deve saudar Exu, pedir licença para a realização desse pequeno ritual. Eu, normalmente, porque moro em apartamento, pego um copo com água, me dirijo até a varanda e jogo a água em direção ao solo. É o que se chama espargir a água, acalmando o solo, e peço licença a Exu para fazer esse banho. Se você mora em casa, pode ir até a rua, ou no seu quintal, e também espargir água. Sempre para a esquerda, à frente e à direita, pedindo licença para Exu e acalmando a terra.

De volta ao local onde estão as coisas para o preparo do banho, peça licença a Exu para iniciar os trabalhos do preparo do banho, dizendo:

"Exu Mojubá! Licença para preparar este banho. Peço que meus pedidos sejam levados aos Orixás e que este banho receba o axé necessário para tudo aquilo que dele eu necessito. Exu, senhor, grande comunicador entre o Ayê (terra) e o Orum (Céu), peço que leve meus pedidos aos senhores Orixás e às nossas entidades, para que eles cubram de bênçãos este banho que iremos fazer hoje. Laroyê, Exu! Mojubá!"

A seguir, firme a vela, pedindo licença ao senhor das folhas, Orixá Osanhe ou Osain, o qual tem o poder sagrado sobre as folhas, batendo paó. Para bater isso, normalmente, batem-se palmas por três vezes, seguidas de outras sete palmas, repetindo este ciclo três vezes. Em seguida, cumprimenta-se Exu, dizendo "Laroyê, Exu Mojubá!".

Feito isso, pegue a primeira das ervas, por exemplo, a arruda. Retire as folhas dos galhos, para não atrapalhar a maceração, e coloque-as na bacia que será usada para o banho, pois são elas que vamos utilizar no banho, deixando os galhos de lado, para que eles não atrapalhem nossa maceração. As ervas devem ser manipuladas com cuidado e com respeito, pois estamos em meio a um ritual sagrado. Se souber, entoe cânticos para Osanhe ou Osain, ou mesmo para Oxóssi, pedindo que as ervas sejam acordadas, isto é, encantadas com o axé desses Orixás.

Deve-se ir pedindo licença para fazer o banho, além de muita paz, saúde, prosperidade, a fim de que o banho seja encantado com todas as energias necessárias para quebrar negatividades, para trazer equilíbrio e muito axé. Então, enquanto você vai macerando as ervas, ou seja, esmagando-as, friccionando-as, para extrair seu sumo, cante e faça seus pedidos. Para facilitar a maceração, jogue um pouco da água na bacia de ágata e misture às folhas.

Uma vez macerada a arruda, passe para o alecrim; se você segurar na ponta superior e passar os dedos indicador e polegar, com a erva entre eles, em direção ao caule, todas as folhas se soltam facilmente.

O alecrim é uma erva muito boa, poderosíssima para tirar negatividade, para afastar egum, principalmente quando se retorna da calunga pequena, ou seja, do cemitério. Por exemplo, na volta de um enterro, é recomendável que você tome banho de alecrim da cabeça aos pés, para retirar toda a negatividade e afastar possíveis eguns.

Em seguida, junte guiné ao alecrim, o qual também deve ser macerado, cantado e rezado.

A vela e o copo d'água estão ali para dar suporte energético ao ritual de preparo do banho. Isso ocorre porque o banho de ervas é considerado um ritual sagrado que deve ser realizado com sacralidade para alcançarmos resultados positivos. Portanto, é fundamental executá-lo com o devido respeito à folha e ao detentor da magia da erva.

Os galhos que sobraram devem ser desprezados, jogados em um vaso ou sob uma árvore. Não jogue no lixo, pois, como a natureza foi quem lhe deu a erva, você deve devolver a ela, agradecendo.

Maceradas, então, as três ervas, você deve deixar o banho descansando por uns 15 ou 20 minutos. Depois de descansar, coe o banho usando aqueles coadores de plástico, de modo a ficar somente o sumo da erva. Esse sumo deverá ser colocado na garrafa pet, com o auxílio de um funil, resultando em 2 litros de banho.

Você pode conservar a garrafa pet com esse banho na geladeira. Quando for utilizá-lo, pegue cerca de 250 ml (esta medida rende oito banhos) ou 500 ml (esta medida rende quatro banhos). Leve o líquido ao forno micro-ondas por 30 segundos em um pote de sorvete, por exemplo, apropriado para aquecer. Após tomar normalmente seu banho de asseio, com sabonete, complete o pote de sorvete com água do chuveiro e tome seu banho de ervas, de preferência do pescoço para baixo, não jogando na cabeça.

Finalizado o banho de ervas, é recomendável que você não se enxugue esfregando a toalha. Se você tiver um roupão, vista-o ou coloque a toalha no seu corpo, para que ela absorva, suavemente, o resíduo do seu banho.

Já as sobras das ervas coadas, deixe sob o pé de uma árvore, agradecendo à natureza que lhe cedeu essas ervas para o seu bem-estar físico, mental e espiritual.

Capítulo 35

Paliteiro de Ogum

Sua vida está difícil? Seus caminhos estão trancados? Neste capítulo, eu ensino a você uma oferenda bem simples para Ogum para a abertura de seus caminhos. Ogum é o Orixá dos caminhos, portanto, devemos oferendá-lo em busca de abertura dos caminhos, isto é, de prosperidade.

Deixo expressamente ressalvado que se você aprendeu a fazer o Paliteiro de Ogum de forma diferente, faça do jeito que sabe. Aqui, ensino exatamente como aprendi e como faço, o que tem produzido para mim o efeito desejado. Se você gostar da maneira que vou explicar, então faça desse jeito. De qualquer jeito preferido, os ingredientes indispensáveis na sua oferenda são o amor, a dedicação e o respeito ao sagrado.

Ingredientes para o Paliteiro de Ogum
um inhame, (também conhecido como cará. Dica: o inhame é aquele grande e comprido, não o redondinho, em forma de bola);
sete moedas, de preferência prateadas;
sete palitos de dente;
azeite de dendê;
mel.

Modo de preparo:
Separados os ingredientes, leve o inhame para o forno por cerca de 10 a 15 minutos, não mais que isso, pois não precisa assar. Após o tempo no forno, deixe o inhame esfriar. Em seguida, parta-o ao meio de comprido, ou seja, de ponta a ponta, mas sem separar os dois lados. Se, por acaso, ao cortar o inhame, você o separou em dois

pedaços, não se desespere, pois Ogum não ficará bravo com você por dividir o inhame.

Feito isso, do lado direito do inhame, passe o mel e, em seguida, espete as sete moedas, também do lado direito. Conforme você vai espetando as moedas, peça tudo aquilo que você quer trazer para a sua vida, ou seja, coisas boas, caminhos abertos, prosperidade, emprego, crescimento na carreira, etc.

No lado esquerdo do inhame, passe o azeite de dendê e espete sete palitos, pedindo tudo aquilo que você quer retirar da sua vida, ou seja, do seu caminho: toda negatividade, inveja, etc. Para cada palito espetado, você faz um pedido para que algo que o esteja atrapalhando seja retirado da sua vida, da sua caminhada.

Concluída essa etapa, seu paliteiro está pronto e deverá ser entregue. O ideal é que o Paliteiro de Ogum seja entregue em uma estrada em que você não consiga ver fim dela, para que o seu caminho seja muito aberto. Entendo que se você consegue visualizar o fim da estrada, seus caminhos serão abertos, mas de forma limitada, por isso creio ser melhor que a oferenda seja entregue em uma estrada em que você não veja onde termina.

Antes de efetuar a entrega propriamente dita, você deve pedir licença e saudar Exu, como já vimos em capítulo anterior, não é verdade? Ele deve ser oferendado sempre em primeiro lugar. Antes de entregar minha oferenda, vou firmar uma vela preta e vermelha para Exu, pedindo licença para arriar aquele inhame, bem como pedir ao mensageiro dos Orixás que leve essa minha oferenda, esse meu pedido, a Ogum. Claro que se você puder e souber, é interessante bater o paó, assim que acender a vela para Exu e formular seu pedido. Aqui, ensino exatamente como aprendi, mas você pode fazer da forma que sabe.

Recordo que, para bater o paó, normalmente se batem palmas por três vezes, seguidas de outras sete palmas, repetindo este ciclo três vezes. Em seguida, cumprimenta-se Exu, dizendo: "Laroyê, Exu Mojubá!".

Como já mencionei reiteradas vezes, tome cuidado ao acender a vela para que esta não cause incêndios que degradem o meio ambiente. Faça sua oferenda com muito amor e carinho, porque é essa energia que você está depositando na sua oferenda. Logo, é essa energia que Ogum vai utilizar para devolver as bênçãos em seu favor.

Há outros Paliteiros de Ogum, por exemplo, aquele que é feito com o inhame fechado e todo espetado com vários palitos, o qual fica parecendo um porco-espinho. Há, ainda, quem faça o inhame apenas com azeite de dendê e espete os palitos, mantendo-o fechado ou abrindo-o, conforme expliquei. Portanto, não há uma única forma de se fazer um Paliteiro para Ogum.

Espero que tenha gostado da dica de como você pode fazer o Paliteiro de Ogum e desejo que todos que fizerem essa oferenda tenham seus pedidos atendidos, de modo que Ogum lhes traga muita prosperidade e abertura de caminhos.

Capítulo 36

Mitos e Lendas Urbanas sobre a Umbanda

Existem vários mitos, lendas urbanas mesmo, a respeito da Umbanda, as quais não são verdadeiras, de modo que resolvemos fazer um capítulo a respeito desse assunto, com o intuito de desmistificar algumas *fake news* propagadas por aí.

A primeira questão que surge quando a pessoa tem um primeiro contato com a Umbanda é relacionada à quantidade de entidades com o mesmo nome em um terreiro. A pessoa fica se perguntando como pode um, dois ou três médiuns receberem um mesmo Caboclo Pena Branca ou Exu Tranca-Ruas das Almas, por exemplo.

A resposta é bem simples: não são a mesma entidade. Quando um Caboclo se apresenta como Pena Branca, ele está indicando que pertence a essa falange de Caboclos assim denominada. Ou seja, ele faz parte de um grupamento de espíritos que se denominam Pena Branca, os quais seguem mais ou menos um arquétipo semelhante, de modo que você olha para o Pena Branca de um médium e olha para o Pena Branca de outro e identifica coisas semelhantes, mas também diferenças.

Isso ocorre porque são espíritos diferentes, ambos com uma vivência carnal, mas desencarnaram e não encarnam mais, em razão de terem chegado a um ponto de evolução em que isso não é mais necessário. Agora, para continuar evoluindo, precisam prestar a caridade, pois não há evolução sem caridade. Assim, você pode ter vários Caboclos Pena Branca, mas nenhum é igual ao outro, pois são espíritos individuais. É como se eles tivessem seu RG e CPF próprios, sendo que um não se confunde com o outro.

Uma segunda questão colocada, representando uma verdadeira lenda urbana, é que se acaso a pessoa entrar para trabalhar como médium em um terreiro de Umbanda, ela jamais poderá sair, do contrário, sua vida vai atrasar, andar para trás, se deixar de trabalhar como médium.

Todos sabemos que as entidades que se manifestam nos terreiros de Umbanda são espíritos de luz, e todas seguem uma regra de ouro, que faz parte da "Lei da Umbanda": o livre-arbítrio. Então, ninguém é obrigado a absolutamente nada, muito embora vários de nós, antes de encarnar, assumimos o compromisso de sermos médiuns e ajudarmos as pessoas, prestando a caridade aos necessitados. Mesmo assim, ninguém está obrigado a isso, só o fará se desejar, pois impera a livre escolha do que fazer da sua vida.

Nesse sentido, o médium entrou para a Umbanda, se desenvolveu, trabalhou um bom tempo, mas quando quis sair não houve qualquer problema nisso. O que atrasa a vida daquele que deixa a Umbanda é a falta de preceito, pois embora tenha abandonado a religião, ele não deixou de ser médium. Em que pese isso, ele não toma mais seu banho de ervas, não se cuida, age desrespeitando os irmãos, não faz mais caridade, acha que isso não tem importância. É claro que não só a vida desse médium vai andar para trás, mas também a de qualquer médium que assim agir. Isso ocorre não porque você deixou a Umbanda, mas, sim, porque está fazendo escolhas erradas.

O médium tem uma porta aberta, da qual ele precisa cuidar; deve fazer seus banhos de ervas e suas defumações, cumprir seus preceitos e continuar prestando caridade, pois não é porque saiu da Umbanda que vai deixar de ajudar as pessoas que precisam e pedem seu auxílio.

✳ ✳ ✳

Outro mito é que todos os médiuns, quando incorporados, não sabem nada do que se passa durante as consultas. Um médium, quando está incorporado, como dissemos, está com uma entidade a ele acoplada, geralmente sabe tudo o que está acontecendo, o que o seu guia está conversando com o consulente e todas as demais ações, pois 99,9% dos médiuns têm uma incorporação consciente.

Vale ressaltar que, após a consulta, pode até ser que o médium não se recorde de algumas coisas. Isso acontece porque a entidade fez questão que ele as esqueça, mas, são exceções. Portanto, o médium consciente tem o dever de manter sigilo, como qualquer outro profissional, a exemplo do médico, do psicólogo, do padre, etc. Os médiuns não devem revelar a ninguém o conteúdo das consultas.

* * *

Mais um mito é aquele relacionado com a afirmação de que se uma pessoa entrar para um terreiro, ela pode receber algum guia na rua, no trabalho, em qualquer lugar. Isso, efetivamente, não procede, pois estamos falando de espíritos que se manifestam na Umbanda, os espíritos de luz que baixam ali para prestar a caridade, os quais não vão pegar um médium à força, não existe estupro espiritual. Outrossim, o acoplamento só ocorre com uma finalidade específica, a de prestar auxílio a alguém, em lugar previamente determinado, com a concordância do médium.

Uma entidade de luz não pega a pessoa na festa, não derruba no chão, nem faz chacota, nem expõe o médium ao ridículo. O que vai pegar você na festa, por ter bebido além da conta e abriu a porta, é um Kiumba, um espírito zombeteiro.

Da mesma forma, não existe "Pombagira cachaça". Se você bebeu em excesso, não vai sentir a vibração da sua Pombagira, tenha a certeza de que é Kiumba. Um espírito de luz não incorporará em baile, em festa, ou se você está bebendo em ambientes depravados.

Se você é médium e está se desenvolvendo, deve tomar cuidado redobrado, pois nenhuma entidade deve ser incorporada fora do terreiro, pois em um lugar inadequado você não tem as firmezas, a segurança, nem existe corrente mediúnica. Com isso, se você incorporar um Kiumba na sua casa, não vai ter um pai de santo para auxiliar, você vai ficar se debatendo no chão, todo borrado e mijado.

É muito sério isso, pois as entidades de luz não vão expor você ao ridículo, não vão jogá-lo no chão, no meio da rua, nem incorporar durante uma festa e sair "cantando" todos os homens.

Somos todos médiuns em maior ou em menor medida, sendo que a pergunta que não quer calar é: Todos precisam desenvolver a mediunidade? A resposta é não. Para alguns, é importante desenvolver a mediunidade, até porque assumiram esse compromisso de trabalhar prestando a caridade, antes de encarnar. Então, esses, evidentemente, precisam desenvolver a mediunidade e trabalhar, mas não são obrigados, porque impera a lei do livre-arbítrio.

Há vezes em que a mediunidade explode, ou seja, se apresenta aflorada, descontrolada. Então, é preciso, ao menos, cuidar para equilibrá-la, passando por consultas, tomando banhos, firmando velas, tomar certas precauções para não ter portas abertas à espiritualidade negativa. Fazendo isso você estará, de certa forma, blindado contra os ataques do baixo astral. Outra questão que se coloca é se uma pessoa pode praticar o mal influenciada pelos espíritos. A resposta é sim, mas não são espíritos que trabalham na Umbanda, porque Umbanda é manifestação do espírito para a caridade, de modo que os espíritos de luz jamais vão influenciar alguém a praticar o mal. Quem faz isso são os Kiumbas, espíritos zombeteiros, como já dissemos, sendo que para se proteger você deve seguir as orientações que passei anteriormente.

∗ ∗ ∗

Outra lenda urbana é que uma mulher poderia se tornar prostituta por incorporar uma Pombagira. Pombagira não é prostituta, assim como Exu não é o Diabo. A Pombagira não traz o amor de volta, ela vai trabalhar o amor-próprio e ensinar a pessoa a desenvolver e retomar sua autoestima.

É um absurdo uma moça sair falando que incorporou uma Pombagira e saiu beijando todos os homens. Mentira! Pare com isso! Não fique colocando a culpa em uma entidade de luz! Assuma seus erros! Fez besteira, saiu beijando vários na festa, então, não coloque a culpa e na conta da Pombagira. O ser humano tem muito que aprender, e deve parar com essa mania de fazer as coisas erradas e colocar na conta das entidades.

∗ ∗ ∗

Mais um mito urbano é que na Umbanda não existe sacrifício de animais. Depende muito da Umbanda, não é verdade? Via de regra, a Umbanda não faz imolação de animais, mas há Umbandas traçadas ou que se fundamentam no culto de nação, nas quais ocorre o sacrifício.

A Umbanda tem fundamento no Catolicismo, na pajelança dos índios, no Candomblé e no Espiritismo. Assim, dependendo da casa, ela puxa mais para um lado ou outro. Se for mais fundamentada no Candomblé haverá o sacrifício, do contrário, ele não estará presente. Não podemos dizer que a imolação esteja certa ou errada, é um fundamento, sendo certo que ninguém come um bife que dá em uma árvore. Se alguém come carne, esta é, evidentemente, resultante de um sacrifício animal.

Contudo, esses despachos que vemos pelas ruas, nas encruzilhadas, com bichos mortos, não são feitos por um umbandista, nem candomblecista de respeito. Isso é coisa de gente sem esclarecimento ou, até mesmo, de verdadeiros estelionatários. É claro que tem estelionatário que se diz umbandista ou candomblecista, pois existe também o padre pedófilo, o espírita que abusa das mulheres, o pastor embusteiro e o suposto pai de santo enrolão. Isso, meu caro leitor, não é problema da religião, é problema do homem, do ser humano.

✳ ✳ ✳

Relacionar a homossexualidade de um homem ao trabalho com entidades femininas é mais uma *fake news*, ou mito, sobre umbandistas. O fato de um homem trabalhar com entidades femininas não afeta sua masculinidade, tampouco sua sexualidade. Ou seja, ele não será necessariamente afeminado, nem homossexual.

Vale frisar que nem eu, nem muito menos a Umbanda temos qualquer preconceito em relação à homossexualidade. É uma grande besteira dizer que o homem que trabalha com uma entidade feminina vai "virar homossexual". Ora, se assim fosse, a mulher que trabalha com uma entidade masculina – e há várias que trabalham com Caboclos, Pretos-Velhos, Baianos, etc. – também "viraria homossexual", passando a se sentir atraída sexualmente por mulheres.

Aliás, é preciso entender que ninguém "vira homossexual". A orientação sexual não é opção, mas condição da pessoa humana; a pessoa nasce homossexual. Além disso, não podemos nos esquecer da transexualidade. Muitas vezes, a pessoa nasceu com um gênero, mas não se identifica com este, o sexo biológico não condiz com sua identificação. É, por exemplo, uma mulher no corpo de um homem, mas isso não tem nada a ver com a espiritualidade. A espiritualidade de luz não vai instigar ninguém a mudar de sexo, não havendo que se falar em certo ou errado, justamente porque não é opção, mas simplesmente uma questão de condição da pessoa humana.

✶ ✶ ✶

Outra asneira que se fala por aí é que Exu não bebe água. Trabalho com Tranca-Ruas das Almas, e ele não bebe água, não – não bebe pouca água. Durante uma gira, ele normalmente consome cerca de dois litros de água. É importante o consumo de água durante a gira, pois ela colabora para movimentar os rins do médium que a consome, e os rins são responsáveis por filtrar o sangue. Grande parte da energia negativa que as entidades acabam puxando da consulência pode se concentrar nos rins, que é o filtro do sangue. Desse modo, quando o médium sai da gira, vai ao banheiro urinar e elimina muito da energia que eventualmente tenha permanecido com ele, não suficientemente retirada pelas entidades, decorrente dos atendimentos realizados.

✶ ✶ ✶

Vamos parar de repetir tanta asneira, pois a Umbanda traz amor de volta: o seu amor-próprio, e o amor pelo seu semelhante. Ela transforma você em uma pessoa muito melhor do que quando entrou. Se você não passou por isso, então acabou de entrar na Umbanda, ou não entrou em uma casa séria. A transformação é contínua, constante. Você vai se tornando uma pessoa melhor, mais caridosa, e começa a enxergar os demais com outros olhos, a ter empatia pelas pessoas.

A Umbanda não faz feitiço, justamente porque ela é a manifestação do espírito para a caridade. O único feitiço que tem lugar na

Umbanda é aquele utilizado para quebrar a demanda, a negatividade, desfazer os trabalhos de baixa magia e trazer saúde, paz e prosperidade. Se você acha que isso é feitiço, então a Umbanda faz desse tipo.

✷ ✷ ✷

A Umbanda não cultua o Diabo, como dizem alguns intolerantes. Aliás, eles falam tanto do Diabo, que parece estar ele presente em todas as cerimônias deles, já que é constantemente invocado. O Diabo é um conceito católico, cristão, que nada tem a ver com a Umbanda, nem, muito menos, com o Candomblé, ambas religiões de matriz africana, pois na África ele nem sequer existe. Apesar disso, na Umbanda, acreditamos, sim, na existência de espíritos sofredores, de Kiumbas, de espíritos zombeteiros, ou seja, não evoluídos, que fazem tudo para atrasar a vida dos encarnados.

Por essa razão, devemos trabalhar nossa energia, pois a água não se mistura com óleo, de modo que se você estiver com uma boa energia, não vai sofrer ataque do baixo astral. Não devemos ficar sentados no sofá, esperando os milagres acontecerem, e sermos absolvidos das "cagadas" que fazemos diariamente e insistimos em repetir.

Capítulo 37

Defumação

Neste capítulo, ensino você a fazer uma defumação na prática. Primeiramente, indico os ingredientes necessários. Confira:

um turíbulo, recipiente utilizado para fazer a defumação, que pode ser substituído por um fogareiro tipo panelinha de acender o carvão de Narguilé. Se houver dúvidas, uma busca no Google pode ajudar a encontrar a imagem. Caso opte por usar o fogareiro, este é facilmente comercializado em lojas especializadas ou on-line;

carvão, que pode ser o carvão normal ou mesmo o de Narguilé, pois pega fogo mais fácil. Se utilizar o carvão comum, você pode colocá-lo em um pote e deixar de molho por alguns minutos em álcool líquido para acender o fogo mais rápido;

casca de alho;
bagaço de cana;
assa-fétida, substituível por casca de cebola;
amônia;
um borrifador.

Como Devo Fazer a Defumação

Já organizou todos os materiais indicados anteriormente? Vamos lá, agora vou lhe explicar como fazer a defumação.

A primeira coisa que você deve fazer é abrir todas as portas e janelas da sua casa, para que o ambiente fique bem arejado e você ou qualquer outra pessoa presente não se sinta sufocada, nem passe mal com a inalação da fumaça ou com o cheiro da amônia, o qual é muito forte.

Para defumar, primeiro, prepare bem o ambiente. Pegue um pouco de amônia e coloque-a no borrifador, lembrando de usar uma quantidade pequena, pois a amônia é concentrada e precisa ser diluída. Para isso, encha o borrifador com água. Depois, inicie o processo de borrifar todos os batentes de portas e janelas da sua casa. Comece pela parte mais interna, geralmente os quartos e os banheiros, e prossiga para fora, abrangendo áreas como sala, cozinha, etc. O fundamento para borrifar amônia nos batentes é a crença de que os eguns ficam grudados nesses locais, e a amônia os espanta.

Para realizar a defumação, comece deixando seu carvão bem em brasa. Em seguida, coloque as ervas indicadas na panelinha ou no turíbulo, lembrando que elas são destinadas a afastar eguns e promover uma limpeza profunda em sua casa. Uma vez que as ervas estejam com o carvão, começarão a queimar e soltar fumaça. Para defumar eficientemente os ambientes, em especial os cantos das paredes e atrás das portas, movimente o recipiente para a frente e para trás, balançando-o, e esticando e encolhendo seu braço. Durante esse procedimento, você deve colocar a mão no umbigo, como medida de proteção contra eventuais energias negativas, evitando que elas ingressem por esse chacra e possam prejudicá-lo.

A defumação, igualmente, deve começar do fundo da casa, em geral dos quartos, para a parte da frente, vale dizer cozinha, sala, etc. Você vai defumando como se estivesse varrendo toda a sujeira espiritual e energética que no local se encontra. Nesse momento, é importante você entoar cantigas de defumação ou pontos de limpeza, bem como usar o "Ofó", ou seja, o verbo, colocar a intenção naquilo que você está fazendo, usar a palavra, pois não adianta defumar por defumar. Assim, você poder dizer: *"Ponham-se daqui para fora! Nesta casa quem manda sou eu! Nenhum espírito sofredor, trevoso ou Kiumba, sem evolução, é bem-vindo! Não tem autorização de aqui permanecer!"*

É importante usar o verbo, de modo a fazer tudo com fé e respeito ao sagrado. Isso fará tudo ficar muito legal, o ambiente vai ficar gostoso e agradável.

Se você puder fazer essa defumação acompanhado de alguém, é melhor, pois uma vez defumado o ambiente, essa pessoa pode defumar você. Caso não consiga auxílio de ninguém para essa tarefa, você pode tomar um banho de arruda, alecrim e guiné, o qual deve ser preparado antes da defumação e na forma como expliquei em capítulo anterior.

Capítulo 38

Quarenta Coisas que Só os Umbandistas Sabem

Dedico este capítulo à reprodução do texto "40 Coisas que Só Umbandistas Sabem", escrito pelo nosso querido irmão Paulo Mansur, grande comediante umbandista de *stand-up*. O endereço do blog onde está disponível o artigo, bem como seu Instagram, deixo nas notas de rodapé.[2, 3]

Se você é umbandista de verdade, reconhece essas coisas. Aproveite a leitura!

1. Supermercado não é supermercado se você não compra vela, cachaça, dendê e mel. E já sabe que não é para você, não importa quanto tempo fique na sua casa.
2. Para entrar no mar você pede licença. E não peça não pra ver o que acontece, kkkkkkk.
3. Busque ser uma pessoa mais paciente, delicada e gentil. Contudo, conseguir, já são outros quinhentos. Temos uma encarnação inteira para isso, para que ter pressa, não é verdade?
4. Você sabe que ser umbandista não é e nada tem a ver com gostar de espíritos. Você está sozinho em casa, aí a porta bate, a janela fecha sozinha e você corre, não é verdade?

---

2. MANSUR, p. 40 Coisas que Só Umbandistas Sabem. *Papo da Banda*, 16 mar. 2017. Disponível em: <http://papodabanda.blogspot.com/2017/03/40-coisas-que-so-umbandistas-sabem.html?m=1>. Acesso em: 28 fev. 2024.
3. Instagram: @paulo_mansur_umbanda.

5. Já ouviu todas as piadas de "galinha", "cachaça" e "incorporação" POSSÍVEIS, sendo que para não perder a amizade, ainda dá risinho amarelo.

6. Vê uma pizza com manjericão e lembra que a entidade mandou tomar um banho. Faz o banho e deixa a casa cheirando, parecendo uma trattoria.

7. Só falta MORRER quando suas entidades dão o nome. Nossa que SENSACIONAL! Quando riscam o ponto, você tem um infarto e derrete os neurônios para entender o significado daquela escrita.

8. Quando é dia de gira, a mão da pemba chega a tremer. E nesses dias, não sei o que acontece, mas tudo dá errado, parece que não querem que você vá para o terreiro, mas você não desanima, não desiste, porque além de brasileiro, você é umbandista.

9. Só você sabe o que se passa quando a entidade, especialmente se for o Exu do pai de santo, olha pra você e fala: "Vem cá". Você responde: "Quem, eu? Cer-cer-teza??" #cagaço.

10. Jura que é filho de Xangô, mas pode ser de Ogum, Oxóssi ou Omolu. E a culpa lá é nossa, se dá curiosidade?

11. O melhor é que SEMPRE que você diz: "tenho certeza que sou filho de...", é outro Orixá que confirma. Só para mostrar para você que "Não sabe nada, inocente".

12. Sente o cheiro de charuto na rua e dá saudade do terreiro. Eita, coisa boa, que vicia a gente!

13. Passa o dia cantando ponto na rua, dentro de casa, indo comprar pão. "Saravá, seu Pena Branca!"

14. E a hora do banho é uma gira completa, né? Começa com Exu, passa pra Preto-Velho, vai pra Orixá e termina no Erê.

15. Passa horas no computador vendo vídeo de Umbanda. E passa hoooooras discutindo nos comentários do YouTube.

16. E só falta morrer quando descobre que agora tem um stand-up comedy só de Umbanda. O quê? Tem Umbanda no teatro?

17. Quando vai beber cerveja fala "ogunhê". O "do Santo", né?
18. Pede desculpa por não gostar de determinada comida de Orixá. Quiabo, Dendê, Camarão, Peixe, Arroz, Fruta...
19. Passa anos estudando para entender os fundamentos, para chamarem tudo de macumba. A mão do tapa chega a tremer.
20. Entende que outras religiões podem, sim, ter o divino nelas, e tá tudo bem. Que raio de Deus é esse que tá só na minha religião?
21. No meu altar tem imagem de Orixá, anjos, santo, criança, cachoeira, quindim e Cebolinha. Falta mesa pra tanto gesso.
22. MORRE de raiva quando alguém pega na sua guia e fala "que colar legal". Lembra que falei da mão do tapa? Então.
23. Ouve "Ogum" do Zeca Pagodinho e só falta chorar. Ô... Ô... Ô... ÔÔÔGUUUUUUUM!
24. Pode ser o metaleiro que for, mas ele conhece o Martinho da Vila cantando "Festa de Umbanda": "O sino da Igrejinha faz Belém, blém, blom".
25. Já acorda chamando o Orixá correspondente. Bom dia, Oxos... ah, é terça? Bom dia, Oguuuum!
26. Pode usar a mesma cueca/calcinha três vezes seguidas, mas a roupa do centro tá sempre cheirosa. Um salário só em Vanish.
27. Pede agô para falar do santo. Iansã que me perdoe, mas podia cair um raio nesse cara...
28. Se tem cabelo grande, sabe que quando descer o santo tem que estar preso. E se estiver preso, a moça solta.
29. Não pode passar por uma bijuteria que pensa: "vou comprar pra moça". É uma coleção de "xuxinha" que vou te contar.
30. Passa por um trabalho "suspeito" na rua, e nem olha. Eu, hein! Vou olhar nada!
31. Entende completamente quando as pessoas choram nas giras. Ah, é bonito demais!
32. Já teve sua vida mudada pela Umbanda. Teve sim, tu sabe que teve!

33. Ouve "Meu Lugar" e "A Gira Girou" no repeat. Zeca/Arlindo = S2.

34. Dá "teus pulo" para conseguir ir na gira. Chefe, meu cachorro morreu, vou ter que sair. kkkkkk

35. Sabe que quando o atabaque toca, o couro come. Aí o bicho pega, maluco!

36. Em gira de Exu, entende o que é "caldeirão sem fundo ferver". Quem nunca viu, vai ver...

37. No vendaval fala Eparrey, na encruza, Laroyê. Vê uma montanha e fala Kaô!

38. Morre com a assistência falando alto. Tá em casa não, rapá!

39. Tem AQUELE ponto que arrepia. Ogum S2.

40. Sabe o que quer fazer para o resto da sua vida. "Levando ao mundo inteiro a bandeira de Oxalá."

Capítulo 39

Ori, o Senhor do Seu Destino

Ori quer dizer "a nossa cabeça", ou seja, é a primeira divindade que deve ser cultuada, na concepção do povo Iorubá. Segundo essa cultura, não há Orixá sem Ori, já que Orixá é um guardião – o protetor (*xá*) da nossa cabeça (*Ori*). Assim, Ori é uma divindade que, para o povo Iorubá, deve ser cultuada antes mesmo de se cultuar o Orixá.

Contam os itans e as lendas que, no momento criação do mundo, Ajalá foi responsável por criar e modelar as cabeças dos seres humanos. Estes, por sua vez, escolhiam suas cabeças, e cada Ori estava ligado a um Odu, ou seja, um destino, de modo que seu Ori, meu caro leitor, está ligado a um Odu.

A pergunta que você deve estar me fazendo é: como faço para melhorar meu destino, para que eu tenha prosperidade? Nós devemos sempre cultuar nossa cabeça, algo fundamental, de acordo com o povo Iorubá, razão pela qual podemos afirmar que nós somos os senhores do nosso destino. Isso acontece à medida que cultuamos nosso Ori, bem como ao agirmos sempre de forma ética, ou seja, de acordo com os princípios básicos éticos indicados por essa civilização como necessários para ter um bom destino.

Entre os princípios éticos básicos que devem ser observados podemos citar a bondade, que é considerada uma grande virtude, sobretudo quando gera hospitalidade e generosidade. Para o povo Iorubá, fazer o bem significa os grandes desafios e realizações diárias. A paciência, outrossim, é considerada fator primordial para evitar precipitações que possam ocasionar a perda do caráter da pessoa. A paciência é o primeiro filho de Olodumarê e pai do caráter.

A promessa, meu caro leitor, é igualmente um dos mais importantes itens, sobretudo, porque desde a iniciação a pessoa cria vínculos de promessas com a comunidade e com a sua divindade.

O respeito é algo que todos devem ter entre si, bem como em relação aos mais velhos, já que a antiguidade revela experiência. A antiguidade no Candomblé significa posto!

Ser verdadeiro, diz o povo Iorubá, é uma virtude essencial a uma comunidade. Ser justo e sincero, fazer caridade, respeitar os tabus, tudo isso também é de grande importância. Logo, não devemos transgredir as determinações do que deve ser feito, do que deve ser evitado, do que deve ser comido, vestido, conforme os líderes e as divindades.

Para a cultura Iorubá, o filho de bom caráter se expressa no respeito aos mais velhos, na lealdade para com os pais e a tradição, na honestidade, na hospitalidade, na coragem, na devoção, na paciência, na verdade, na assistência aos necessitados e no desejo irresistível ao trabalho, a fim de manter ilibado tanto o seu nome como o de sua de família.

Veja que interessante isso! Não é verdade que no Candomblé e na Umbanda podemos tudo, porque existe o livre-arbítrio? O povo Iorubá acredita que nós devemos seguir um código ético e moral, de modo que não é só cultuar o Ori, temos que seguir essas regras também.

Evidentemente, está certo que devemos cultuar os Orixás, mas também é certo que temos a principal divindade a ser cultuada e agradecida todos dias quando acordamos. Afinal, ela permite a atuação do Orixá em nossas vidas. Além disso, existe um código ético moral a ser seguido, de modo que somos os senhores dos nossos destinos, mais ou menos como Tranca-Ruas das Almas, que é o Exu com quem trabalho. Ele nos diz: "O plantio é facultativo, mas a colheita será sempre obrigatória".

Assim, seremos prósperos à medida que seguirmos o código moral e ético, dependendo daquilo que fizermos, da forma como nos comportarmos e de como honrarmos nossos ancestrais, porque a Umbanda também é uma religião de matriz africana que cultua e reverencia os nossos ancestrais africanos. Quanto mais nos desviamos desse código moral e ético, passamos a ser menos prósperos.

Devemos sempre buscar a reforma íntima, para que tenhamos bons frutos e sejamos prósperos. Isso depende de nós, da nossa conduta moral e está em nossas mãos, porque a energia que nós emanamos é a que absorvemos do universo. Não podemos nos esquecer de que somos espíritos encarnados, emanando energia o tempo todo. Da mesma forma, absorvemos energia condizente com aquela que emanamos. O povo Iorubá já sabia disso há milênios.

Vou ensinar a você uma coisinha para cuidar do seu Ori. Você está meio depressivo, a coisa não está legal, não está bem? Faça um banho de canjica para fortalecer seu Ori. Você vai pegar um punhado de canjica, colocar na água para ferver, até ela ficar um pouquinho mais macia. Não precisa cozinhar. Feito isso, você então separa em dois potes a canjica e a água do cozimento. Leve os dois potinhos para o banheiro e faça seu banho de asseio normalmente.

Terminado seu banho de asseio, tome seu banho com a água da canjica. Pode jogar da cabeça para baixo, pois você está dando banho no seu Ori, na sua cabeça, sendo que a canjica é comida de Oxalá e Iemanjá, ou seja, a mãe e o pai de todas as cabeças.

Posteriormente, pegue os punhados de canjica e coloque-os sobre sua cabeça por pouco de tempo, sentindo a energia deles em sua moleira. Nesse momento, você deve pedir a Oxalá e a Iemanjá equilíbrio mental e pessoal na sua vida. Conforme você vai faz seus pedidos, passe os grãos da canjica pelo seu corpo. Com certeza, meu caro leitor, isso será bom para você. Após o banho, pegue a canjica e coloque-a no pé de uma árvore, já que nós devemos devolver à natureza, agradecendo, tudo aquilo que ela nos dá.

Não se esqueça de colocar sua roupa branca, firmar uma vela palito e colocar um copo com água ao lado, já que toda vez que vai se fazer uma comida, um banho ou alguma coisa relacionada com a religião, você precisa agir com respeito ao sagrado, com a sua entrega, já que você é a principal oferenda para estabelecer uma boa conexão.

Capítulo 40

Bori

No capítulo anterior, falamos sobre Ori, isto é, a divindade que o povo Iorubá entende como a que deve ser prestigiada, ou seja, homenageada, antes mesmo de ser cultuado o próprio Orixá. Além disso, os Iorubás entendem que nós temos um código ético e moral a ser seguido, para que possamos ter prosperidade, quer dizer, bons caminhos.

Orunmilá, que é o Senhor dos Destinos, nos ensina que todos temos um Odu, o qual é atribuído a nós em nosso nascimento, e este corresponde a um destino, um caminho a ser seguido, de acordo com o nosso Ori.

Vimos que somos os senhores do nosso destino, pois, já diz o ditado: "quem tem uma boa cabeça é rei". Nesse sentido, para ter um bom Ori devemos ser éticos, caridosos com as pessoas, bem como cultuar e alimentar nosso Ori.

Neste capítulo, vou ensinar você a alimentar seu Ori, fazendo uma espécie de Bori, bem simples como são as coisas na Umbanda, diferentemente do Candomblé. Uma expressão comum na Umbanda é que "o menos é mais", ou seja, o que importa é você fazer, com fé e respeito ao sagrado, de modo que isso produza o efeito desejado.

Bori pode ser traduzido como "dar comida à cabeça". O que você vai ver agora é muito simples, logo, qualquer pessoa pode fazer:

Ingredientes:
uma vela palito;
um copo com água;
farinha de milho branca ou farinha de acaçá;
uma panela pequena para cozinhar a farinha.

Modo de preparo:
Primeiramente, você deve saudar e pedir licença para Exu, seguindo o que já expliquei em capítulos anteriores. Você deve então firmar sua vela branca, pedindo a Oxalá, pai de todas as cabeças, e a Iemanjá, mãe de todas as cabeças, que lhe auxiliem na realização desse Bori.

Com a vela firmada, a água no copo, vestido com sua roupa branca, e o coração cheio de fé e respeito ao sagrado, coloque a farinha de milho branca na panela, adicione água e leve ao fogo médio ou baixo. Mexa sem parar, para evitar que a massa encaroce.

Passados 15 a 20 minutos, quando a massa chegar a uma consistência mais firme que a de um mingau, desligue o fogo e espere esfriar. A massa fria deve ter consistência razoável, de modo que você consiga enrolar e fazer um bolinho.

Esse bolinho se chama acaçá, o qual é usado como comida ritualística, especialmente no ritual de Bori do Candomblé, enrolado em folha de bananeira. Na Umbanda, como eu disse, as coisas podem e devem ser feitas com simplicidade. Então, aqui vamos adaptar. O acaçá será utilizado para equilibrar sua cabeça, isto é, seu Ori.

Nesse momento, você já deve ter tomado seu banho de canjica, da forma que ensinei no capítulo 39. Então, pegue esse bolinho, coloque no centro da sua cabeça, bem na região da moleira, enrole um pano branco e durma com ele para alimentar seu Ori.

Atenção: embora o ideal seja o acaçá permanecer na sua cabeça o maior tempo possível, pois durante esse contato seu Ori está sendo alimentado, não se preocupe se ele escapar do pano e sair da posição em que você o colocou na sua cabeça, caso você tenha o sono agitado. Assim que você acordar, retire o acaçá, tome seu banho, pegue a bolinha e passe no corpo todo. Se não quiser fazer assim, você pode pegar o acaçá e apenas devolver para a natureza, agradecendo por tudo o que foi feito.

É importante que no momento em que você estiver fazendo o acaçá, bem como quando for dormir, esteja com sua roupa toda branca. Para esse ritual não existe um dia específico, contudo, é bom ser feito na sexta-feira, Dia de Oxalá.

Quando você estiver cozinhando o acaçá, peça equilíbrio no seu Ori. Rogue a Pai Oxalá e a Mãe Iemanjá para trazer equilíbrio e prosperidade aos seus caminhos. Que iluminem seus bons caminhos e proporcionem equilíbrio à sua cabeça, para que você tenha boas atitudes, boa conduta, consiga ajudar as outras pessoas e, claro, ter a ajuda do universo, dos Orixás, do seu Ori, como recompensa, ou seja, o retorno de tudo o que você emanar para os outros. Peça, principalmente, sabedoria para enfrentar os problemas.

Tenha certeza, meu irmão, de que se você fizer o Bori dessa forma, vai se sentir muito bem.

Capítulo 41

Oferenda a Oxalá

Nos capítulos anteriores, falei sobre Ori, ensinei o banho de canjica e como fazer um Bori. Agora, vou explicar como se faz uma oferenda para nosso pai Oxalá.

O ingrediente indispensável, você já sabe, é o respeito, o amor ao sagrado. Quanto mais respeito e amor você colocar, melhor será o efeito produzido pela sua oferenda, pois é essa energia que Oxalá utilizará em seu favor, a qual será devolvida a você.

Ingredientes:
Você vai precisar dos seguintes ingredientes:
uma vela palito;
uma vela de sete dias;
um copo com água;
um alguidar de louça branco (ou, se não tiver, use um prato fundo branco, de preferência virgem, pois as coisas utilizadas para oferendas são sagradas e não devem ser utilizadas para outra finalidade);
mel;
meio pacotinho de canjica;
algodão (pode ser de rolo ou de bolinha);
uma panelinha para cozinhar a canjica.

Modo de preparo:
Antes de começar os trabalhos, você vai jogar água fora do ambiente e pedir licença firmando uma vela a Exu, conforme já orientei anteriormente.

Na sequência, firme sua vela para os trabalhos, com um copo de água ao lado. Então, coloque meio pacotinho de canjica em uma panelinha, complete com água e leve ao fogo. Enquanto a canjica cozinha, peça a nosso pai Oxalá que essa oferenda seja bem aceita. Que ela lhe traga equilíbrio na cabeça, livre-o da depressão ou de qualquer doença mental. Que traga prosperidade e serenidade para enfrentar os momentos difíceis. Solicite sabedoria para solucionar os problemas do cotidiano, pois Oxalá é um Orixá velho e sábio.

Você vai deixar a canjica cozinhando por mais ou menos de 15 a 20 minutos. Não preciso nem dizer que meu caro leitor deve estar vestido de branco para realizar este ritual, em homenagem e respeito ao nosso pai Oxalá.

Como você está fazendo uma comida de santo, esse ritual deve ser feito repleto de respeito, sem pressa, pois Oxalá não gosta das coisas realizadas de forma corrida, ele gosta que se faça tudo bem devagar, com calma, de maneira serena e tranquila.

Uma vez cozida a canjica, deixe-a esfriar e retire a água, escoando-a, para que fique somente o milho branco. Em seguida, coloque a canjica no alguidar de louça ou no prato fundo, regando-a abundantemente com o mel e cobrindo-a com o algodão. Uma vez concluída sua oferenda, renove seus pedidos ao pai Oxalá, Senhor do Branco, para que venha com seu alá sagrado cobrir todos nós. Em seguida, coloque a oferenda no seu altar ou Congá, se tiver na sua casa. Do contrário, coloque-a em frente à imagem de Oxalá, em um lugar reservado, onde as pessoas não fiquem passando, nem olhando, bem como firme uma vela de sete dias, na cor branca, utilizando um suporte de vidro ou um copo alto para evitar incêndio. Escolha bem o local onde você vai deixar a oferenda, para nada ser atingido pela chama da vela e não ocorrer qualquer acidente.

Você vai deixar essa oferenda nesse local por três, cinco ou sete dias, dependendo do lugar onde você mora. Se na sua localidade a possibilidade de aparecerem formigas, atraídas pelo mel, for grande, você deverá deixar a oferenda exposta o menor tempo possível. Se, ao contrário, você mora em um apartamento e a possibilidade de a oferenda atrair formigas é pequena, você poderá deixá-la no Congá por mais tempo.

Passado esse período, você deve despachar sua oferenda. Peça licença ao pai Oxalá para levantá-la, e devolver a canjica e o mel à natureza, os quais deverão ser colocados no pé de uma árvore bem bonita, em uma praça, de preferência. Agradeça à natureza, devolvendo a ela a canjica que lhe foi ofertada e possibilitou que você realizasse esse trabalho. Como o algodão demora um pouco para se decompor, na minha opinião, pede-se licença e joga-se no lixo mesmo, ficando ressalvada essa possibilidade para quem deseja proceder de forma diferente. Devemos sempre ter a preocupação para não poluir o meio ambiente. Quanto ao alguidar ou ao prato fundo, você deve lavá-los e guardá-los, os quais poderão ser utilizados em outra oferenda.

Capítulo 42

Guias de Proteção e Guias de Trabalho

As guias, também chamadas de colares, são instrumentos ritualísticos utilizados pelos médiuns de Umbanda. Elas podem ser divididas em duas espécies: guias de trabalho e guias de proteção.

No meu caso, como sou filho de Oxaguiã, uso guia de proteção dedicada a esse Orixá, com contas azuis e brancas, bem como uma guia de Exu, também de proteção, feita com miçanguinhas pretas e vermelhas. Uso as duas guias no pescoço praticamente o tempo todo, só tirando para ir ao banheiro ou quando vou manter relações sexuais, por uma questão de respeito.

De fato, há quem possa me questionar sobre o fato de usar juntas uma guia de um Orixá e uma guia de Exu, misturando a direita com a esquerda. Sinceramente, não vejo o menor problema. Faço isso há mais de uma década, sendo que respeito quem aprendeu e pensa de forma diferente, mas também me sinto no direito de pedir que respeitem meu ponto de vista, devidamente experimentado e que vem dando bons resultados.

É importante dizer que se você não concorda comigo ou com outra pessoa, não precisa odiar o outro, apenas siga o ensinamento que aprendeu e descarte aquilo que não lhe acrescenta. Não é porque não gosto de goiaba que vou mandar cortar todas as goiabeiras, apenas não vou comer essa fruta, sendo ressalvado o direito de comer a quem goste delas.

Também é comum usar uma guia do seu Orixá no seu bolso direito e do Exu no bolso esquerdo. O certo é você seguir a orientação do seu zelador, pois é ele quem deverá confeccionar, ou ao menos cruzar, essas guias de proteção.

Já as guias de trabalho devem ser confeccionadas pelo médium de acordo com as orientações e as determinações da entidade para a qual elas serão dedicadas. Ora, se sua entidade não riscou o ponto, não trabalha ainda, não há qualquer necessidade de montar uma guia. Tome cuidado para não se perder na vaidade. Guia de trabalho é da entidade, é instrumento por ela utilizado para trabalhar, confeccionado na forma e com as características por ela passadas. Dessa maneira, somente quando a entidade começa a trabalhar, seja prestando consultas, seja dando passes, é que pedirá e irá indicar como deve ser feita sua guia. Antes disso, certamente não.

Como a guia é da entidade e não sua, meu irmão, ela não deve ser utilizada a esmo, fora dos dias de trabalho e do ambiente do terreiro onde a entidade incorporada irá prestar seu atendimento. Se não vai haver atendimento pela entidade, não há qualquer razão que justifique o seu uso.

Como exemplo, aponto aqui algumas guias utilizadas por mim:

A guia do Caboclo Pena Branca foi confeccionada com contas de coral, branca e amarela, um trevo de quatro folhas e uma firma verde. Há guias de caboclos feitas com ossos, dentes, penas, etc.

As guias dos Pretos-Velhos normalmente são feitas de contas brancas e pretas, lágrimas-de-nossa-senhora, sendo que a do Preto--Velho com quem trabalho é fechada com várias contas em cristal.

As guias dos Exus e das Pombagiras são feitas com combinações de contas vermelhas e pretas, bem como pretas e brancas, conforme a falange a que pertencem, contendo alguns pingentes, como caveiras, cartolas, garfos, rosas, etc.

Os Baianos normalmente utilizam guias feitas com coquinhos e olhos-de-cabra, enquanto as dos Boiadeiros são confeccionadas com olhos-de-cabra e olhos-de-boi. No meu caso, Boiadeiro e Baiano têm, cada um, sua própria guia. Porém, quando estão em terra, usam as duas guias conjuntamente, sem retirar a do outro.

O Marujo, que na realidade é um pescador, Martin Pescador, entidade maravilhosa com quem trabalho na linha das águas, usa guia com contas de cristal incolor e azul-claro, intercaladas com búzios. É realmente uma das guias mais bonitas entre as das entidades com as quais trabalho.

Os Malandros, normalmente, usam guias com contas vermelhas e brancas, exceto aqueles que trabalham na Linha das Almas, como é o caso de Malandrinho das Almas, que usa guia com contas brancas e pretas.

É importante que você saiba, meu leitor, que todas as guias das entidades com as quais trabalho foram por mim confeccionadas, conforme as orientações por elas passadas, e olha que não tenho a menor habilidade para artesão, mas ficaram muito bonitas, modéstia à parte.

Faça tudo com carinho e respeito à espiritualidade, pois isso é o mais importante. Não se preocupe, não tenha pressa; tudo tem o seu tempo, o momento certo. A entidade vai mostrar a você como ela quer que a guia seja feita, com o número certo de contas, assim que começar a trabalhar nos atendimentos. Na dúvida, você deve sempre consultar seu zelador, de modo a não interferir na montagem, pois a ansiedade e a vaidade podem atrapalhar esse processo. Está com a ideia da guia montada na sua cabeça? Consulte seu zelador. Concluiu a montagem da guia? Leve para ele ver. Seu zelador tem essa atribuição, e ele deve auxiliá-lo nesse processo.

A guia, depois de pronta e devidamente preparada com banho de ervas conforme a doutrina da casa ou a indicação da entidade, será apresentada ao guia incorporado. Este irá cruzá-la, tornando-a seu instrumento de trabalho a partir desse momento.

Capítulo 43

Algumas Palavras Ditas pelas Entidades

Neste capítulo, vou apontar algumas palavras que as entidades costumam pronunciar em uma gira de Umbanda. Não é o objetivo desta obra esgotar esse assunto, logo, me limitarei a apontar apenas as expressões mais comumente utilizadas.

As palavras ditas pelos guias representam um linguajar próprio, muitas vezes não compreendido pelo cambone e pelo consulente. Com o intuito de ajudar nessa compreensão, achamos importante elencar as seguintes expressões, de modo que as entidades possam ser mais bem compreendidas:

Alguidar – maioria das pessoas já ouviu falar em alguidar, aquela bacia que pode ser de louça ou de barro.

Angola – quando se fala em Angola, refere-se justamente a essa região do continente africano.

Aparelho – ou aparelhinho é um médium, também chamado de cavalo ou de burro. Particularmente, não gosto muito desta última expressão.

Aruanda – plano espiritual.

Atabaque – tambores tocados pelos ogans.

Babalorixá: é o pai de santo.

Baco-baco – conversa.

Bambuê – bambuzal.

Banda – Fala-se em banda da direita e banda da esquerda, referindo-se à linha de trabalho. Ou seja, esquerda para Exus e Pombagiras, e direita para as demais entidades.

Bango-bango – dinheiro ou pataco, que é também uma expressão utilizada para essa finalidade.

Banhaco – banho.

Baralho – sete conchinhas do mar.

Bodoque – armamento de um caboclo.

Bradar – o grito de um Caboclo, a saudação do Caboclo.

Búzios – são os cauris, utilizados no jogo de búzios.

Caboclos – nossos índios brasileiros.

Cacarucaia – velha senhora.

Cafioto – criança.

Cajado – toco de madeira.

Calunga grande – mar.

Calunga pequena – cemitério.

Cambinda ou Cambina – uma linha africana.

Cambito – perna.

Cambono ou Cambone – médium que está ajudando a entidade no atendimento.

Camisote – camisa.

Camutiê – coração.

Camutimba – cabeça.

Candeia – vela.

Canela preta – polícia.

Cangalha – óculos.

Cangira – alegria.

Canzuá ou Cazuá – sua casa.

Caricó – gira.

Carimbó – cachimbo.

Carma – consequência de vidas passadas.

Carroção ou pé de borracha, quatro rodas – carro.

Cartola ou homem de branco, que veste o branco – médico.

Casa Grande – cemitério.

Casinha – banheiro.

Cavalo ou cavalinho – médium.

Cervejado – cerveja preta ou branca.

Chibata – chicote.

Coité – cuia feita com a metade da casca de coco.

Congá ou Gongá – altar.

Copado – copo.

Corpo aberto – mulher está com o corpo aberto, quando ela está menstruada.

Corpo sujo – quando o homem e a mulher mantiveram relações sexuais.

Corre-corre – é água. O caboclo costuma chamar de manja.

Cortador – faca.

Crefé – café.

Crina – cabelo.

Cruzeiro – Cruzeiro das Almas.

Cumicado – comida.

Curiar – observar.

Demanda – feitiço, algo ruim, que está prejudicando a pessoa.

Dormicado – dormir.

Dumba ou rabo de saia – mulher.

Encosto – quando a pessoa está acompanhada de um Egum, Kiumba ou Trevoso.

Escavadeira – dentadura.

Escrivinhador – lápis ou caneta.

Estudador – livro, fazer um estudo, estudar.

Fazer a passagem – desencarnar.

Fefeu – café.

Ferradura – sapato ou calçado.

Festaço – festa.

Filho de Pemba – umbandista, filho de fé.

Filho de terra – encarnado.

Fitado – olhado.

Formoso – belo.

Fumenga – charuto.

Fuscado – fósforo.

Gamela – travessa de madeira, utilizada para servir Xangô.

Grilhão – relógio, pulseiras.

Grugunhar – rugir, resmungar.

Hora Grande – meia-noite.

Humaitá – plano espiritual.

Ialorixá – é a mãe de santo.

Jacutaia – casa.

Juriti – pássaro semelhante a uma pomba.

Letrado – pessoa estudada.

Macaia – local de serviço nas matas.

Mano – irmão.

Marafo – pinga.

Mazela – doença.

Meia – trabalho.

Menga – sangue.

Mezinha – remédio.

Mironga – feitiço.

Moça – Pombagira.

Moço – Exu.

Mujimbo – fofoca.

Mulecote – menino, garotinho.

Mungunzá – prato feito com milho branco, ou seja, a canjica.

Obi – semente vegetal.

Ogan – tocador do atabaque.

Oxalá – nosso Pai Maior.

Prapau – comida.

Pata – pé.

Plata – dinheiro.

Pau de figura – televisão.

Pemba – giz branco.

Perna de calça – homem, marido, namorado, companheiro.

Pescado – peixe.

Pitar – fumar.

Pito – cigarro.

Porteira – porta.

Prepeu – papel.

Quatro pé – animal de quatro patas.

Quitanda – um doce.

Quizila – briga ou algo que pode trazer consequências não muito boas.

Rabo de saia – esposa, namorada, companheira.

Riscador – pedra de giz ou a pemba.

Saravá – uma saudação.

Sentador – banco, banquinho.

Serviçado – serviço ou obrigação.

Sinhazinha – menina moça.

Tarimba – cama.

Tenda – centro, terreiro.

Tocador – telefone.

Toco – vela.

Tuia – pólvora.

Tumba – sepultura.

Tupi – tribo indígena.

Ventador – ventilador.

Vidrado – vidro.

Zambi – nosso pai maior – Deus.

Deixo aqui uma pequena parte do mundo de palavras que as entidades costumam dizer, com o intuito de orientar você a saber um pouquinho mais sobre esse riquíssimo vocabulário.

Capítulo 44

As Entidades Podem Tudo?

Entre os questionamentos que podem passar pela cabeça dos consulentes e dos médiuns iniciantes na Umbanda está o fato de as entidades terem poderes extraordinários, já que, não raro, visualizam a magia – o que é diferente de mágica – acontecer.

Será que as entidades de Umbanda podem tudo? Por que as entidades insistem que o consulente exponha seu problema e faça seus pedidos? Na maioria das vezes, quando somos atendidos, a primeira coisa que a entidade verbaliza é a pergunta: "No que posso lhe ajudar?".

É fato que as entidades são espíritos de luz, logo, muito mais evoluídos do que nós, estão do outro lado da vida, de onde tem melhor visão dos fatos passados, presentes e futuros, mas elas não sabem tudo. Preste atenção, meu caro leitor. Pombagira não é fada madrinha, que faz a mágica do "plim-plim" acontecer com sua vara de cristal. A entidade também não tem bola de cristal para ficar adivinhando o futuro das pessoas, muito embora isso possa acontecer, em uma consulta ou outra, por força e autorização da espiritualidade superior, com o intuito de alertar o consulente de acontecimento prejudicial e futuro, não merecido por ele, ou mesmo para reforçar a sua fé, que se apresenta abalada.

Outro ponto importantíssimo é que, se você não narrar o que está acontecendo, nem pedir a intercessão da espiritualidade para solucionar seu problema, a entidade não poderá ajudar. Na condição de um espírito de luz, ela segue a Lei Divina e não irá violar seu livre-arbítrio. Isso consiste em agir ou não agir, em pedir ou não o auxílio da espiritualidade para a solução da questão. Se a entidade estivesse ajudando você sem que tivesse pedido, estaria violando o seu livre-arbítrio. Sendo assim, quando você estiver diante de uma entidade, não se acanhe, narre seu problema e peça ajuda, a fim de ganhar discernimento e sabedoria para a solução das suas questões. Claro que seus pedidos serão atendidos, na medida do seu merecimento, sendo que não é você quem deve julgar se merece ou não. Não é assim que a banda toca. Quem irá aferir se você merece o que está pedindo é a espiritualidade superior. As entidades irão então trabalhar para ajudar na solução do problema, é um trabalho desenvolvido coletivamente, não individual, por aquela entidade e toda uma egrégora que irá trabalhar em seu favor.

Então, significa que se eu não merecer, não adianta pedir? Não, não é assim que a coisa funciona. Se você não merece, não lhe será concedida ajuda na questão. Entretanto, mesmo que você não alcance o que pediu, o eventual problema que teria pode ser atenuado em razão do seu pedido. Principalmente, por causa do seu arrependimento, da sua reforma íntima, da mudança de comportamento, do caráter e do meio de vida.

As mudanças ocorrem de dentro para fora, sinto lhe informar. Ninguém vai usar uma varinha mágica e fazer as coisas acontecerem. Tudo irá acontecer na hora certa e na medida do seu merecimento, de modo que é preciso pedir, porque sem pedido a entidade não tem como interceder.

Algumas entidades fazem questão que o consulente escreva seu nome em um papel, quando se formula um pedido. O que a entidade está fazendo é documentar aquilo que você pediu, com o objetivo de colher sua autorização para agir em seu benefício, a seu favor. É quase como se você estivesse assinando um contrato com a espiritualidade.

Além de narrar seus problemas e formular seus pedidos, é muito importante comparecer perante uma entidade com os ouvidos bem abertos, pois, certamente, em se tratando de um espírito de luz, ele vai aconselhar e orientar você, bem como colocar o dedo em todas as suas feridas. Esteja preparado para ouvir! Ademais, após a consulta, siga os conselhos passados e mude de vida, pois a reforma íntima é o único caminho para que as coisas do lado de fora mudem. As mudanças sempre ocorrem de dentro para fora.

    Concluindo este capítulo, posso afirmar que as entidades não sabem tudo. São espíritos muito mais evoluídos do que nós. Contudo, Pombagira não deve ser confundida com fada madrinha da varinha de cristal, nem Exu com o mágico da capa ou de Oz. Para agir em nosso favor, ambos precisam da nossa autorização, caso contrário, estão violando a Lei Divina, a qual juraram seguir e defender.

Capítulo 45

Oferendas

Existem dois tipos de oferendas: a de agradecimento e a de pedido. A oferenda de pedido é feita quando você faz a entrega para uma entidade ou Orixá, pedindo que ele auxilie na solução de um problema ou dificuldade pela qual você está passando.

Então, digamos que vou fazer um "padê" e oferendar para Exu. Você, meu caro leitor, acredita mesmo que Exu vai comer esse "padê"? Ele não vai comer o "padê". É evidente que se trata de uma oferenda típica que se faz para Exu, mas não é por essa razão que ele vai comer aquilo que você oferendou. O significado da oferenda reside no fato de você oferecer algo de material para uma entidade que é espiritual.

Não raro, vocês vão encontrar pessoas falando que vão "dar de comer a Exu". Esta expressão somente deve ser utilizada de forma figurada, não no sentido literal da palavra. Seu significado é estabelecer uma ligação com Exu ou com um Orixá, por exemplo, Xangô, a quem se oferenda amalá, ou mesmo Oyá, a quem se oferenda acarajé.

Xangô não vai comer o amalá, bem como Iansã não vai comer os acarajés. Eles apenas vão retirar a energia que você colocou nessa oferenda. Por essa razão, é importante fazê-la com muito zelo e amor, colocando muita energia boa, já que o objetivo da oferenda é conquistar coisas boas em seu favor. Aquilo que colocar na oferenda é o que você vai receber em troca. É o combustível que você está oferecendo à entidade ou ao Orixá destinatário da oferenda, é aquilo que eles vão usar para atender a seus pedidos.

A entidade ou o Orixá vai retirar a energia que você colocou na comida, levar para o campo astral e devolver na forma de graças. É preciso fazer com muita concentração, dedicação, amor no coração, e somente após ter tomado os seus banhos, firmado suas velas, estando com o corpo e a mente limpos, e o coração cheio de amor e respeito ao sagrado. Jamais se deve fazer uma oferenda pensando em coisas negativas, pois você não quer atrair isso para sua vida, não é mesmo?

Muito bem! Fiz minha oferenda, conforme você me recomendou. Vou alcançar aquilo que pedi? Pode ser que você realmente não alcance seu pedido, justamente porque não merece, meu caro leitor. Mas você poderia me responder: "Eu fiz o padê para Exu, o amalá para Xangô e o acarajé para Iansã, como assim não vou alcançar aquilo que pedi? Isso não é justo!". Agora, me explique uma coisa: você está querendo corromper a espiritualidade, os Orixás, é isso mesmo? Você acha mesmo que é um toma lá, dá cá? Para que eu quero descer! Se você pensa assim, não entendeu nada sobre a espiritualidade, nem sobre a Umbanda, nem, muito menos, sobre o Candomblé.

Você não vai corromper uma energia, a exemplo de Iansã. Não tem como você corromper o vento, uma força da natureza. Veja, o Orixá Xangô é um rei, responsável pela Justiça, dono dos raios e dos trovões. Então, você acha que é dando um amalá que vai corrompê-lo? Não, definitivamente não vai corromper ninguém. Sinto lhe informar que seus pedidos somente serão atendidos se você merecer.

Ora, se então acho que não sou merecedor, de nada adiantaria minha oferenda? Não, não é assim também que a coisa funciona. Adianta fazer sua oferenda, pois hoje você pode não merecer. Mas com o passar dos anos, sua dedicação ao sagrado, suas oferendas, sua mudança pessoal, sua reforma íntima e seu comportamento diário, aí você pode passar a merecer. As mudanças sempre acontecem de dentro para fora e não o contrário. A espiritualidade tem a função de ajudar você, guiá-lo e orientá-lo nesse processo.

A segunda forma de oferenda é a de agradecimento, ou seja, eu alcancei uma graça e pretendo oferendar para retribuir aquilo que alcancei. A entidade ou Orixá vai retirar essa energia de gratidão, como já disse, a chave que abre todas as portas e todos os caminhos, vai devolver a você por meio de inúmeras outras graças, caminhos abertos e prosperidade, com a intenção de que cada vez mais você receba aquilo que emana, em uma espiral infinita.

Dessa forma, seja grato para que você mereça o auxílio da espiritualidade, ajude quem procura você, especialmente os mais necessitados, faça suas oferendas, estabeleça a sua conexão com a espiritualidade.

Acho que deve ter ficado clara a diferença entre as oferendas de pedido e de agradecimento. Além disso, é importante ressaltar que não podemos corromper a espiritualidade, pois somos insignificantes em comparação com ela, que é gigantesca, imensurável. O que sou eu, Marcelo Pereira, comparado com um Orixá? Nada, absolutamente nada. Por essa razão, temos que bater nossa cabeça, sim, ajoelhar aos pés dos Orixás e das entidades, pedirmos "*Agô*", "*Maleme*", perdão pelos erros que nós cometemos diariamente.

Capítulo 46

A Importância do Passe

Muitos dos consulentes que comparecem aos terreiros de Umbanda estão mais preocupados com a consulta do que com o passe, propriamente dito. É inegável a importância daquele bom bate-papo, ao pé de ouvido, agachadinho, com um Preto-Velho, que nos transmite tanta sabedoria e resiliência para enfrentar os problemas. Eles nos ensinam a aceitar aquilo que não conseguimos ou não é possível mudar. Como é bom o papo de amigo com os senhores Exus e as moças, as Pombagiras. Como é boa a conversa com os Caboclos, que nos incentivam a seguir em frente, a lutar e batalhar pelos nossos objetivos. Sensacional é a alegria dos Erês, que nos ensinam a encarar a vida com menos seriedade.

Tudo isso é realmente importante! Muitos consulentes, contudo, não dão a importância que verdadeiramente merece ao passe, e vou explicar por que afirmo isso. Nós somos espíritos encarnados, emanamos energia que está dentro de nós e captamos a que está externa, o tempo todo. Quem de nós não fez aquela brincadeira de passar um pente nos cabelos e, depois, colocá-lo em pedacinhos de papel, atraindo-os pela energia eletromagnética que está no pente e foi retirada dos nossos cabelos? Isso demonstra, sem a menor dúvida, que estamos emanando e absorvendo, a todo tempo, energia eletromagnética.

Nosso corpo físico é dotado de um espírito e de um perispírito, onde encontramos a nossa energia eletromagnética. Alguns autores chamam essa energia de ectoplasma. Em nosso corpo, possuímos chacras que vibram de acordo com a nossa energia. Se meu caro leitor se dedicar a estudar a Física Quântica e a Medicina Quântica apenas por curiosidade, irá se surpreender ao descobrir que todo o corpo, órgão e objeto é dotado de uma frequência vibracional – a qual é medida em *Hertz*.

Em nosso corpo, os órgãos sadios vibram em determinada frequência, e em outra se estão doentes, fracos ou debilitados. Assim, um fígado doente vibra em frequência diferente daquela quando o mesmo órgão está sadio. Dessa forma, seria fácil curar alguém, pois seria necessário apenas alterar essa frequência?

Não é tão simples assim, portanto, não devemos dizer às pessoas que estão tomando seus medicamentos que parem de tomá-los. Na Umbanda, ao tomar o passe, a atuação da espiritualidade potencializará o efeito do medicamento. Ninguém deve parar de tomar seus medicamentos só porque está frequentando um terreiro de Umbanda ou recebendo passes.

O que a Medicina Quântica e a Física Quântica descobriram há alguns anos, a espiritualidade já sabia há muito tempo. Quando as entidades dão o passe, elas estão emanando energia eletromagnética, atuando sobre o perispírito do consulente e, claro, desemperrando seus chacras e equilibrando sua energia, o que pode levar à cura, conforme a constância. A entidade promove o equilíbrio, isto é, a mudança da frequência de um órgão doente para uma frequência de um órgão sadio. A entidade percebe por meio do passe quais órgãos estão desiquilibrados energeticamente, como se escaneasse o corpo do consulente, e promove um verdadeiro equilíbrio frequencial.

Por conseguinte, aquele órgão que estava vibrando em uma frequência desajustada passa a vibrar na frequência correta. Isso devolve ao consulente a sensação de bem-estar em razão do ajuste do campo eletromagnético. Além disso, os chacras, que estavam emperrados e não giravam mais, passam a se movimentar adequadamente.

Contudo, a duração desse resultado depende das condutas posteriores do consulente. Isso porque se a pessoa continua a exercitar hábitos que não a edificam, e sim pioram sua condição de vida, todo o resultado será perdido, fazendo o consulente entrar em um círculo vicioso.

De nada adianta a pessoa tomar um passe e ficar bem, se dali a pouco ela começa a xingar o vizinho, a praguejar isso ou aquilo.

Ou seja, baixa o seu padrão vibratório novamente e fica doente mais uma vez, justamente porque está vibrando em uma sintonia não tão boa.

Um passe é extremamente importante, muitas vezes mais até do que a própria consulta. No entanto, a maioria das pessoas enfatiza apenas a consulta, negligenciando a relevância do passe. Acima de tudo, muitos se esquecem de alterar o comportamento, vibrar de maneira diferente, positiva e elevada, a fim de atrair bons espíritos que vibram nessa mesma sintonia.

Quando você modifica seu padrão vibratório, seu perispírito e seu organismo funcionam melhor. Tudo ocorre muito bem, sendo importante tomar o passe; no entanto, após ele, é indispensável trabalhar a mudança de comportamento dia após dia. Afinal, estamos aqui para quê? Não é para evoluir, melhorar? Não foi esse o objetivo da nossa encarnação?

Capítulo 47

Oferenda para os Erês

Neste capítulo, vou ensinar você a fazer uma oferenda para as crianças, ou seja, os Erês. Deixo aqui uma observação no sentido de que se você aprendeu de forma diferente, com o seu pai de santo, siga-a. Existem inúmeras maneiras de se fazer uma oferenda para Erês. Aqui trago a forma que aprendi e que pratico, respeitando aqueles que optam por métodos distintos. Logo, também solicito respeito à minha abordagem.

Itens para a Oferenda

Os ingredientes indispensáveis são o amor e o respeito ao sagrado. Além deles, você vai precisar de:

duas velas palitos – uma rosa e outra azul-clara; ou duas velas bicolor, azul e rosa.

um suporte de vela;

um pratinho de papel, de preferência redondo, para colocar os doces. O pratinho pode ser substituído por uma folha de bananeira para não poluir o meio ambiente ao ser despachado;

um isqueiro ou fósforo – ambos podem ser utilizados, já que estamos lidando com o elemento fogo;

uma lata ou garrafinha pequena de guaraná;

um copo de plástico para colocar o guaraná;

doces sortidos, tais como balas, dadinho, paçoca de rolha, pirulitos, balas de goma, etc.

Montagem da Oferenda

Organizados os ingredientes, vamos fazer a montagem do pratinho. Primeiramente, de forma circular, coloque as paçocas de rolha até preencher toda a borda do pratinho de papel. Nesse momento, você já deve fazer seus pedidos para que os Erês lhe tragam muita alegria, saúde, harmonia, paz e prosperidade, pois prosperidade não se resume apenas a dinheiro na conta bancária; ela inclui a fartura de alegrias e amizades em todos os sentidos.

Na sequência, de forma circular, coloque os dadinhos até preencher toda a borda interna da paçoca de rolha. Vale lembrar que é fundamental retirar a embalagem de todos os doces, incluindo balas e pirulitos, antes de colocá-los no prato. Após completar a borda com os dadinhos, organize as balas de maneira circular. Nesse momento, seu prato estará praticamente cheio.

Para completar seu prato, você poderá enfeitá-lo por cima com pirulitos e balas de goma. Pode colocar os doces que achar necessários, como chocolates e *marshmallow*, seguindo sempre o que a intuição lhe mostrar.

Como eu já disse, o que apontamos aqui é apenas uma sugestão, uma maneira de fazer. Não é uma forma fechada. Na Umbanda, não existe nada fechado, nada absoluto, de modo que vocês têm a liberdade de fazer diferente do que está aqui exposto. Agora, coloque o guaraná no copo, deixando-o ao lado do pratinho. Mantenha o restante na lata ou garrafinha e deixe-a aberta.

A respeito das velas, não costumo colocá-las no meio da oferenda, pois, ao utilizar um prato de papel, a chama pode queimar o prato e causar um acidente. Portanto, opto por firmar as velas juntas, de uma única vez; contudo, é possível firmá-las em separado, ficando a seu critério.

Para firmar as velas, coloco-as em minha testa e abaixo um pouco minha cabeça, enquanto faço minhas orações.

Costuma recitar o seguinte: "Peço aos senhores Erês que aceitem essa singela oferenda e tragam para mim e minha família muita saúde, paz e prosperidade, além de caminhos abertos, e nos livrem de todos os males, axé, axé!". Ainda, peça aos Orixás Ibejis, que são os regentes das crianças, que nos protejam e que aceitem essa pequena oferenda.

Feitos os pedidos, deixe a oferenda em local seguro. Certifique-se de que as velas estejam protegidas pelo suporte adequado para evitar incêndios e acidentes. A oferenda deve permanecer lá por um, três, cinco ou sete dias, após os quais deve ser levantada e despachada.

Por fim, deixe a oferenda em uma praça, no jardim ou aos pés de uma árvore bem bonita. O restante do guaraná deve ser derramado ao redor do pratinho com doces. Não é necessário firmar qualquer vela nesse local, pois elas já foram firmadas em sua casa. Não deixe qualquer material plástico que possa poluir o meio ambiente. De preferência, substitua o prato de papel por uma folha de bananeira. Após concluir essas etapas, deixe o local em paz, com o coração cheio de alegria e a sensação de ter cumprido sua missão!

Capítulo 48

Umbanda Vicia

Por que será que as pessoas acabam ficando viciadas, no bom sentido, na Umbanda? Será que a Umbanda vicia? Você já deve ter ouvido alguém dizer que é perigoso visitar um terreiro de Umbanda. Perigoso porque você corre o sério risco de se apaixonar. Por que será que as pessoas se apaixonam por essa religião que prega a manifestação do espírito para a caridade?

Vou explicar por que isso acontece e você vai entender. Existem estudos que comprovam que uma pessoa que faz a caridade desinteressada desencadeia em seu organismo a produção de hormônios que trazem a felicidade, a plenitude e a paz de espírito. Outrossim, aquele que recebe a conduta caritativa, isto é, os consulentes também acabam produzindo esses hormônios. Aquele que assiste a esse trabalho caritativo, na condição de cambone ou de assistência, também produz os mesmos hormônios, já que acaba por ser envolvido na energia circulante naquele terreiro.

O médium que resolve entrar para a Umbanda passa a frequentar o terreiro e inicia seu desenvolvimento, de modo que começa a acoplar suas entidades. Por meio desses acoplamentos, as entidades, que são muito mais elevadas do que os médiuns, acabam produzindo um equilíbrio energético, levando-o a um estado alterado de consciência que vai proporcionar uma sensação de bem-estar duradoura.

Quando a entidade se desacopla do médium, ela o deixa em um estado positivo, proporcionando uma sensação de leveza, plenitude e alegria. Se você não está experimentando essa sensação e se sente pesado, verifique se está cumprindo adequadamente seus preceitos. Revise sua conduta moral e ética diária, avalie se está consumindo carne no dia da gira ou ingerindo bebida alcoólica no dia do desenvolvimento. Certifique-se de que sua vela está firmada e de que está realizando seus banhos regularmente. Cuide para não manter relações sexuais no dia da gira.

Caso você não esteja fazendo nada disso que acabei de mencionar, recomendo que você baixe o facho, meu irmão, minha irmã, pois seus problemas, certamente, são falta de humildade, ansiedade excessiva, pressa para que as coisas ocorram; e não é assim que a banda toca, tudo ocorre no seu tempo, sem afobamento.

É importante que você tenha isso em mente para receber na plenitude a energia das entidades e não entre nessa de "mistificação", tema que tratei no livro *Guia Prático sobre a Umbanda*. Claro, se você fizer tudo certinho, se sentirá pleno, maravilhoso; assim como o cambone que trabalha com você. Principalmente, a consulência sairá do terreiro satisfeita e feliz.

Quando a entidade atende a pessoa, ela passa e verifica todos os pontos em desequilíbrio, como se estivesse passando um *scanner*, promovendo o alinhamento dos chacras e da energia vital. Esse trabalho funciona como se fosse uma enxurrada de energias positivas que vão gerar a produção de hormônios da felicidade, com efeitos no consulente, no próprio médium, no cambone e em todos que assistem a esse atendimento.

Não é raro ver gente falando que, após a gira, dormiu como não fazia há muito tempo. Isso porque está com sua energia plena, alinhada, com os hormônios da felicidade em dia, tudo trazendo essa sensação de bem-estar. Isso vicia, é fato, pois você se sente bem e quer se sentir assim mais vezes, não é verdade? Tudo aquilo que experimentamos e nos traz prazer, nos faz bem e de que gostamos, fazemos de tudo para repetir quando possível. Quanto mais você frequenta um terreiro de Umbanda, seja na condição de médium, seja na condição de cambone ou consulente, mais vai se sentindo melhor, mais equilibrado, sua vida vai mudando para melhor e você quer mais e mais dessa prazerosa experiência. De fato, por isso é que se diz que a Umbanda vicia.

Acontece exatamente como aquela música diz: "Foi na Umbanda que a minha vida começou a melhorar". De fato, se você fizer tudo certinho, garanto, sua vida vai ficar muito melhor!

Capítulo 49

Preceitos

Muito bem, meu irmão, se você é umbandista, médium em desenvolvimento ou já está mais adiantado na evolução de sua mediunidade, deve estar ciente da importância de observar os preceitos. Mas quais são esses preceitos e qual a razão para sua observância? Este é o tema deste capítulo.

Banho de Ervas

Em primeiro lugar, você deve tomar o seu banho de ervas, de acordo com a orientação do seu zelador – o sacerdote responsável pela casa de Umbanda que você está frequentando –, pois ele é quem vai orientar qual é o banho correto e a periodicidade.

É claro que, principalmente para os médiuns de trabalho que atendem as pessoas, o ideal é que esse banho seja tomado em todos os dias de gira, preferencialmente antes e, se possível, após o término. Deve ser realizado antecipadamente para assegurar que seu corpo esteja limpo e sua energia equilibrada.

Bebidas Alcoólicas

É necessário evitar a ingestão de bebida alcoólica, pois além de reduzir sua energia, é um alterador de consciência. Portanto, é fundamental evitá-lo para que você esteja na gira consciente, pleno e pronto para o trabalho, preparado e entregue inteiramente para as entidades.

Carne

Não se deve consumir carne, uma vez que sua digestão é demorada; portanto, deve ser evitada pelo menos 24 horas antes da gira, embora algumas casas adotem um período de 12 horas. O consumo de carne está relacionado ao sacrifício de um animal, resultando na diminuição da energia.

Relações Sexuais

Você deve evitar ter relações sexuais antes da gira, pelo menos 24 horas antes. Esse pedido é porque em uma relação sexual há troca de energia com a outra pessoa. Nesse sentido, a abstinência sexual é para se estar presente por inteiro e não haver energias misturadas, ou seja, a sua e a da pessoa com quem teve relação sexual.

Vale ressaltar que a relação sexual é preceito, e não por ser entendida como pecado. Não há nada de pecado nisso, já que faz parte da nossa vida, é simplesmente para que sua energia esteja pura no dia da gira.

A relação sexual, aliás, é muito boa para todos nós, pois graças ao sexo estamos aqui e o movimento de Exu se cumpre. Exu não é movimento? Não é com o sexo que ocorre a geração que leva ao parto, e o espíritos desencarnados têm a oportunidade de encarnar? O sexo é um movimento; ele representa um movimento que pertence a Exu, uma das razões pelas quais ele aparece segurando um falo.

Firmeza de Velas

Para trabalhar firmemente na gira, é necessário que sua vela esteja firmada; você deve ter feito suas firmezas em casa. A realização da firmeza das velas é uma importante maneira de manter a conexão com o sagrado.

Outros Cuidados: Manter a Serenidade e a Energia Elevada

Se você já tomou seu banho, firmou a vela, não consumiu carne e bebidas alcoólicas, nem teve relações sexuais nas 24 horas anteriores aos trabalhos, procure, no dia da gira, não brigar, discutir e se irritar. Embora eu saiba que é difícil, e muitas vezes não dá, tente ao máximo manter-se equilibrado.

Certamente, é desafiador no mundo em que vivemos, pois diariamente enfrentamos aborrecimentos de diferentes fontes, com muitas questões a resolver. Parece que tudo acontece no dia da gira. Tenha em mente que essa é a realidade e deve ser assim, pois você será testado. A espiritualidade quer verificar o quão equilibrado você está, e saber se está preparado para enfrentar os problemas diários sem que se desequilibre e perca seu prumo. Essa avaliação é crucial para determinar se você está apto para a missão que escolheu abraçar.

Para manter sua energia elevada, siga esses preceitos, observe atentamente o que foi mencionado. Você verá que sua energia e os resultados no terreiro melhorarão bastante.

Explicando os Porquês

Agora que você conhece todos os preceitos, é preciso entender por que eles são importantes para o médium. Devemos considerar que, enquanto encarnados, possuímos uma energia com uma densidade específica. As entidades que colaborarão conosco possuem uma densidade energética muito mais elevada, por serem justamente espíritos mais evoluídos. Para que possam se acoplar – lembre-se: não é incorporação, mas acoplamento –, elas aderem aos nossos chacras, falando e manifestando-se por meio do nosso corpo. Elas precisam ajustar-se à nossa energia, que é de menor densidade.

Uma energia equilibrada por parte do médium garante que a entidade se acople mais facilmente, evitando um desgaste significativo de energia para realizar a conexão com você. Além disso, você não gastará a energia de seu próprio corpo. Também é mais fácil para ela realizar a limpeza antes do término da gira, após a conclusão dos atendimentos.

Nesse sentido, as entidades já realizam um esforço notável para diminuir sua energia. Quanto mais elevada estiver a nossa energia, mais próxima estará da energia da entidade, facilitando o trabalho e proporcionando melhores resultados. Isso beneficia não apenas o médium, que não se sentirá mal após a gira, mas também a entidade e a consulência. Compreenda, meu irmão, se estiver passando mal após a gira, pode ser em razão de não seguir as práticas necessárias listadas aqui. A entidade ajustará sua energia à dela, e se a sua energia estiver boa, o trabalho fluirá melhor.

Se você seguiu corretamente os preceitos, mas ainda enfrenta dificuldades para incorporar e se sente mal, então reveja seu comportamento diário. Esteja atento à caridade, à humildade. Evite a arrogância e a crença de que o médium é um super-homem ou mulher-maravilha, diferenciado das demais pessoas.

Entenda, meu irmão, que você não é diferente de ninguém. Todos estamos encarnados para aprender, e alguns têm a tarefa de praticar a caridade para com seus irmãos. Aceite isso com amor e carinho, e você certamente será feliz. A Umbanda traz isso para mim, para você e para todos nós!

Referências Bibliográficas

COSTA, Vagner Veneziani; LINARES, Ronaldo Antonio; TRINDADE, Diamantino Fernandes. *Iniciação à Umbanda*. São Paulo: Madras Editora, 2017.

JURUÁ, Padrinho. *Coletânea Umbanda:* a Manifestação do Espírito para Caridade, as Origens da Umbanda. São Caetano do Sul: Fundação Biblioteca Nacional, 2013.

PEREIRA, Marcelo. *Guia Prático sobre a Umbanda*. São Paulo: Madras Editora, 2023.

PRANDI, Reginaldo. *Mitologia dos Orixás*. São Paulo: Companhia das Letras, 2001.

VERGER, Pierre Fatumbi. *Os Orixás:* Deuses Iorubás na África e no Mundo. Tradução de Maria Aparecida da Nóbrega. Salvador: Fundação Pierre Verger, 2018.

MADRAS Editora

Para mais informações sobre a Madras Editora,
sua história no mercado editorial
e seu catálogo de títulos publicados:

Entre e cadastre-se no site:

www.madras.com.br

Para mensagens, parcerias, sugestões e dúvidas, mande-nos um e-mail:

marketing@madras.com.br

SAIBA MAIS

Saiba mais sobre nossos lançamentos,
autores e eventos seguindo-nos no facebook e twitter:

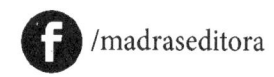

@madraseditora @madraseditora /madraseditora